Jana Frey

Der verlorene Blick

Ein Mädchen erblindet

Zu diesem Buch steht eine Lehrerhandreichung
zum kostenlosen Download bereit unter
www.loewe-schule.de

Diese Geschichte basiert auf wahren Begebenheiten.
Die Namen und Schauplätze sind von der
Redaktion geändert.

ISBN 978-3-7855-7657-1
1. Auflage 2013 als Loewe-Schulausgabe
© 2002, 2005 Loewe Verlag GmbH, Bindlach
Umschlagfoto: woman walking, gettyimages/© 2008 Irene Lamprakou
Umschlaggestaltung: Franziska Trotzer
Printed in Germany

www.loewe-verlag.de

*Für Leonie und außerdem für Hildegund Hippler,
die mein Leben schon seit vielen Jahren sehr fürsorglich begleitet
und mir immer mit Rat und Tat zur Seite steht ...*

*„Man sieht nur mit dem Herzen gut.
Das Wesentliche ist für die Augen unsichtbar."
(Antoine de Saint-Exupéry)*

Prolog

Leonie ist hübsch. Als wir uns zum ersten Mal treffen, haben wir schon drei Verabredungen hinter uns, die sie jedes Mal kurzfristig wieder abgesagt hat.

Aber diesmal hat sie nicht abgesagt und wir haben uns in einem italienischen Eiscafé in der Innenstadt verabredet.

Leonie ist schon da, als ich komme.

Ich sehe sie gleich. Sie sitzt alleine an einem der kleinen Bistrotische und hat ihr Kinn in die Hände gestützt. Es sieht ganz danach aus, als beobachte sie eine Gruppe Kinder und Jugendliche, die mit Skateboards und Inlineskates durch die völlig überfüllte Fußgängerzone flitzen.

Leonies Haare sind millimeterkurz geschnitten und hellblond gefärbt. Auf der Nase hat sie ein paar Sommersprossen und ihre Augen sind hinter einer dunklen „Blues-Brothers-Sonnenbrille" versteckt.

Ihre Fingernägel sind grün lackiert und sie trägt eine alte, verwaschene Jeansjacke mit hochgekrempelten Ärmeln. An ihrem linken Ohr baumelt ein Bart-Simpson-Ohrring und in ihrem rechten Ohrläppchen stecken fünf kleine silberne Ohrstecker in einer ordentlichen Reihe.

Trotzdem ist es nicht zu übersehen, dass Leonie blind ist. Neben ihrem Stuhl lehnt ihr weißer Langstock und an ihren Armen trägt sie über den hochgeschobenen Jackenärmeln jeweils eine gelbe Stoffbinde mit drei schwarzen Punkten, die miteinander ein Dreieck bilden.

Ich habe mich ein paar Minuten verspätet, weil ich mit dem Auto gekommen bin und lange nach einem Parkplatz suchen musste.

Während ich zu dem kleinen Tisch hinübergehe, an dem Leonie sitzt, sehe ich, wie sie mit der rechten Hand eine kleine Klappe an ihrer bunten Armbanduhr öffnet und blitzschnell mit ihren Fingerspitzen das Zifferblatt abtastet.

„Hallo, Leonie", sage ich schnell und entschuldige mich für meine Verspätung.

„Hallo", antwortet Leonie, dreht ihren Kopf in meine Richtung und lächelt mir zu.

Ich setze mich und Leonie scheint mich schweigend zu mustern. Plötzlich nimmt sie ihre Sonnenbrille ab und klemmt sie in den Ausschnitt ihres T-Shirts.

„Ich trage sie nämlich nicht nur, weil ich blind bin", erklärt Leonie. „Ich meine, ich habe sie auch schon vorher getragen. Mein Bruder hat sie mir aus Amerika mitgebracht, als er vom Schüleraustausch zurückkam."

Leonie seufzt.

Ich schaue mir ihr schönes, blasses, ernstes Gesicht an. Die Wimpern, die ihre geschlossenen Augen umgeben, sind ungewöhnlich lang und schnurgerade. Ihre Augenlider zucken ab und zu und kommen mir sehr verletzlich vor.

„Es ist merkwürdig, an meinen älteren Bruder zu denken", fährt Leonie fort und seufzt wieder.

„Warum?", frage ich.

Leonie runzelt die Stirn und schweigt eine Weile, ehe sie weiterspricht. „Er heißt Siemen", sagt sie schließlich. „Und er ist zwei Jahre älter als ich. Früher haben wir ziemlich viel gestritten, aber natürlich haben wir uns auch gut verstanden, sehr gut sogar. Siemen war immer wichtig für mich – aber jetzt ist er merkwürdigerweise der Erste, an dessen Gesicht ich mich nicht mehr richtig erinnern kann."

Leonies Finger trommeln gedankenverloren auf den kleinen Bistrotisch. „Es kam ganz allmählich und schleichend. Ich meine, ich habe gemerkt, wie mir die Erinnerung an sein Gesicht nach und nach entglitten ist. Das war ein schreckliches Gefühl. Es war schrecklich, weil ich es, als es einmal angefangen hatte, einfach nicht mehr aufhalten konnte."

Mühelos greift Leonie nach ihrem Colaglas und trinkt einen

Schluck. „Die Gesichter meiner Eltern habe ich aber zum Glück noch im Kopf und das Gesicht meines kleinen Bruders auch. Er heißt Grischa und ist erst sieben."

Leonie ist seit zwei Jahren blind und in den folgenden Wochen erzählt sie mir eine Menge aus ihrem Leben. Während wir sprechen läuft fast immer ein kleines Aufnahmegerät mit, und Leonie möchte von jeder Aufnahme eine Kopie haben.

 „Ich bin durch die Hölle gegangen, damals", sagt sie einmal. „Ich wollte, nachdem es passiert war und ich es begriffen hatte, lieber tot sein als blind. Ich bin fast durchgedreht vor Verzweiflung. Und vor Entsetzen. Und vor Wut. Ich dachte damals, alles wäre aus und vorbei und mein ganzes Leben eine Ruine ..."

 Leonie schweigt lange nach diesem Satz und ich habe sie in den vergangenen Wochen gut genug kennengelernt, um zu wissen, dass es in solchen Momenten sinnlos ist, weitere Fragen zu stellen.

Ein paar Tage später ruft mich Leonie an und sagt, sie wolle mich bei unserer nächsten Verabredung nicht wieder in dem Eiscafé und auch nicht in der Pizzeria in ihrer Straße treffen, sondern stattdessen in einem neuen Kulturzentrum in der Nähe des Bahnhofes.

 „Siemen bringt mich hin", erklärt sie. „Es gibt im Keller des Kulturzentrums ein kleines Café. Da will ich mit dir hingehen. Das Café heißt ‚Dunkelbar'. Dort arbeitet ein guter Freund von mir."

Also treffen wir uns ein paar Tage darauf im Keller des neuen Kulturzentrums vor dem Eingang zur „Dunkelbar".

 Die „Dunkelbar" ist ein Café, das man durch einen pechschwarzen Samtvorhang betritt, und hinter diesem schwarzen Vorhang ist ein weiterer schwarzer Vorhang, schwer und undurchdringlich, und hinter diesem Vorhang ist ein langer schwarzer Gang, in den von nirgendwoher ein Lichtstrahl fällt, und am Ende dieses Ganges, den ich mich unsicher entlangtaste, ist ein finsteres Nichts.

Ich fühle mich ziemlich hilflos, als ich merke, dass die dunkle Wand, an der ich mich bisher orientiert habe, jetzt verschwunden ist.

„Hier ist ein freier Tisch", sagt Leonie in diesem Moment ruhig und zupft mich am Jackenärmel. „Komm, setzen wir uns ..."

Um uns herum höre ich ein paar vereinzelte Stimmen, und im Hintergrund singt Madonna leise „American Pie", ganz wie in einem normalen Lokal.

„Na, was wollt ihr beiden trinken?", erkundigt sich gleich darauf eine männliche Stimme, die noch sehr jung klingt und ganz plötzlich und lautlos neben uns aufgetaucht ist.

Leonie bestellt wieder eine Cola und ich nehme einen Tee.

„Wie gefällt es dir hier?", fragt Leonie neugierig, nachdem wir unsere Getränke bekommen haben, in völliger Finsternis.

„Es ist merkwürdig und fast ein bisschen unheimlich", sage ich und taste auf dem unsichtbaren Tisch nach dem unsichtbaren Schälchen mit dem Kandis. Ich stoße dabei leicht gegen Leonies unsichtbares Colaglas.

„Für mich ist es hier drin so wie überall", sagt Leonie.

Dann schweigt sie wieder und ich schweige ebenfalls und wir hören der Musik zu.

„Heute hasse ich es nicht mehr so sehr, blind zu sein", sagt Leonie irgendwann. „Aber schwierig finde ich es schon noch oft. Manchmal fühle ich mich sehr einsam und dann sehne ich mich wie verrückt nach Licht. Nach Licht und nach der Sonne und nach Farben. Nach dem blauen Himmel im Frühling und nach dem Gelb der Sonnenblumen im Sommer und dem Grün von Gras und so weiter. Als ich noch klein war, waren wir ein paar Mal in Dänemark in den Ferien. Ich erinnere mich gut an die wilden grauen Wolken, die da manchmal über den Himmel jagten, wilde, unordentliche graue Wolkenfetzen – die würde ich auch gerne mal wieder sehen ..."

1

Es war vor zwei Jahren und es war Frühling und ich tat eine Menge Sachen, die ich eigentlich nicht tun durfte.

Es fing damit an, dass mein Vater Ende Februar verkündete, er würde im März und April in Australien sein, wo er vorhabe, den März arbeitend und den April freizeitlich zu verbringen. Mein Vater heißt Ben und ist Diplompsychologe. Er betreute damals hin und wieder ein Jugendcamp am Rande von Melbourne, in dem schwer erziehbare, straffällig gewordene Jugendliche aus Deutschland weit weg von allen schlechten Einflüssen resozialisiert werden sollten. Mit Reitkursen und Tauchkursen und Segelkursen und solchen Dingen. Und eben mit psychologischen Gruppentherapien, in denen sie sich mit anderen Jugendlichen und einem Psychologen über ihre Sorgen und ihr bisheriges Leben austauschen sollen. Diese Gruppengespräche leitete damals unter anderem mein Vater. Und im April wollte er sich dann, wie er uns erklärte, endlich einmal selbst wieder eine Brise Freiheit genehmigen und ebenfalls einen Tauchkurs machen. Und vielleicht einen Segelschein. Ganz so wie seine straffälligen Jugendlichen. Nur dass er noch nie eine Straftat begangen hatte. Und er wollte auch nicht am Stadtrand von Melbourne bleiben, sondern querbeet und nach Lust und Laune durch Australien reisen.

Mein Bruder Siemen und ich nickten einträchtig zu diesen Frühlingsplänen unseres Vaters. Schließlich waren wir es von klein auf gewöhnt, dass er mehr unterwegs war als zu Hause.

Und so packte mein Vater Anfang März seine Sachen und wir alle fuhren ihn zum Flughafen.

„Bis in etwa acht Wochen dann, ihr Hottentotten", sagte

er, ehe er durch die Flughafenabsperrung ging, die zu seinem Abflug-Gate führte. Er nahm uns der Reihe nach in den Arm, ganz kurz bloß, in unserer Familie wird von jeher nicht viel geküsst oder in den Arm genommen. „Macht keinen verrückten, irreparablen Blödsinn, solange ich weg bin, verstanden?"

Wir nickten, Siemen und Grischa und ich, wobei Siemen ein bisschen genervt die Augen verdrehte.

„Aber wenn ich in die Schule komme, dann bist du doch ganz sicher wieder zurück?", erkundigte sich Grischa zum Schluss noch misstrauisch.

„Versprochen", sagte mein Vater, und diesmal verdrehte Siemen zwar nicht die Augen, aber er warf mir stattdessen einen kurzen, bedeutungsvollen Blick zu, der hieß, dass wir ja alle wussten, was von den Versprechen unseres Vaters zu halten war.

Ganz zum Schluss erst wandte sich mein Vater meiner Mutter zu.

„Bis bald, liebste Helen", sagte er, lächelte und tippte mit seinem Zeigefinger ein paar Mal auf die sommersprossige Nase meiner Mutter. „Pass gut auf unseren werten Nachwuchs auf …"

„So gut wie immer", antwortete meine Mutter. Sie ist Engländerin und Tänzerin und sehr dünn und sommersprossig und hat einen sehr blassen Teint, aber schöne grüne Augen mit langen, schnurgeraden Wimpern drum herum. Sie riecht immer ein bisschen nach einer Mischung aus Pfefferminz und Lavendel, weil sie ständig kleine Pfefferminzpastillen lutscht und zum Waschen ausschließlich englische Lavendelseife benutzt, die sie sich von meinem englischen Großvater regelmäßig zuschicken lässt. Meine englische Großmutter ist schon vor ein paar Jahren gestorben.

Nachdem wir meinem Vater noch ein bisschen hinterhergewinkt und hinterhergeschaut hatten, machten wir uns auf den Rückweg zum Parkhaus, wo unser Auto stand.

„Wir könnten allerdings auch noch auf die Aussichtsterrasse gehen und Papas Flieger beim Start zuschauen", schlug Siemen vor. „Was hältst du davon, Einstein Junior?"

Mit Einstein Junior meinte er Grischa.

Aber Grischa hielt nichts davon. Er wollte lieber nach Hause zu seiner Geige. Grischa spielt Geige wie ein Verrückter und er hatte damals schon eine Menge Auszeichnungen und Preise gewonnen. Sein erklärtes Ziel war es, einmal ein weltberühmter Geiger zu werden. Und laut der Meinung seines winzigen, runzeligen russischen Geigenlehrers, der eigentlich schon viel zu alt zum Unterrichten war, nämlich über neunzig, würde er dieses Ziel auch ohne besondere Anstrengung erreichen. Grischa ist überhaupt ein merkwürdiges Kind, darum heißt er bei uns innerfamiliär ja auch Einstein Junior.

Mit einem halben Jahr hatte er laufen gelernt und mit einem Jahr konnte er sprechen und mit zweieinhalb bediente er unseren Videorecorder besser als Siemen und ich. Mit drei konnte er fließend lesen und bekam auf seinen eigenen Wunsch hin seine erste Geige. Es war eine winzig kleine Sonderanfertigung – sie hängt heute in Grischas Zimmer an der Wand. Inzwischen spielt er auch noch Klavier und seit einem Jahr hat er einen Computer.

Grischa ist genauso dünn und sommersprossig und blass wie meine Mutter und dazu ist er sehr klein und schmächtig und hat eine hohe, durchdringende Stimme. Er hat sogar die gleichen rötlich blonden, wirren Haare wie meine Mutter. Nur seine Augen sind ganz anders als die grünen Augen meiner Mutter, die nur ich von ihr geerbt habe. Grischas Augen sind dunkelbraun wie die meines Vaters.

Siemen dagegen ist riesig, beinahe zwei Meter groß. Er hat ebenfalls braune Augen und er ist sehr hübsch. Schon vor ein paar Jahren haben eine Menge Mädchen aus meiner Klasse für ihn geschwärmt. Sobald im Frühling die Sonne scheint, wird Siemen braun und seine Haare sind nicht rötlich blond, sondern richtig blond.

Ich selbst bin weder auffallend klein wie Grischa, noch auffallend groß wie Siemen. Ich habe höchstens zwanzig Sommersprossen und werde im Sommer so gut wie gar nicht braun. Ich bin auch nicht so klug und begabt wie Grischa und nicht so selbstbewusst und witzig wie Siemen. Ich habe weder blonde noch rötlich blonde Haare, stattdessen waren meine Haare damals einfach braun und höchstens ein bisschen widerborstig und zerstrubbelt. Ich spiele auch kein Instrument, nur ein bisschen Blockflöte, weil wir das in der Grundschule eine Weile lang im Musikunterricht gelernt haben. Nicht mal richtig singen kann ich. Wenn ich es versuche, klingt es immer irgendwie schief, weil ich jedes Mal garantiert mindestens einen Halbton daneben liege. Das einzig wirklich Schöne an meinem Gesicht waren wahrscheinlich meine Augen. In der Grundschule hat meine Religionslehrerin einmal gesagt, meine Augen würden so aussehen, wie sie sich Feenaugen vorstellt. Und als ich im Sommer mit meiner besten Freundin Janne auf eine Jugendfreizeit gefahren bin, hat ein Junge, der schon ein paar Jahre älter war als ich, abends beim Lagerfeuer zu mir gesagt, er fände es prima, ausgerechnet neben dem Mädchen mit den schönsten Augen zu sitzen. Und ein anderes Mal hat eine englische Freundin meiner Mutter, die wir in London besuchten, gemeint, wie schön es sei, dass wenigstens einer von uns Mamas Augen geerbt habe. Ich kann mich noch genau daran erinnern. Ich war damals vielleicht elf und Mamas Freundin lächelte mich an und sagte diesen Satz: „Es wäre doch wirklich ein Jammer gewesen, wenn diese wahnsinnigen Augen eines Tages aussterben würden ..."

Außer meinen Eltern, meinen Brüdern und mir gibt es bei uns zu Hause noch Hobbes, unseren dicken, behäbigen Kater, der schon sehr alt ist und den wir aus England mit nach Deutschland genommen haben. Das war vor ein paar Jahren, als meine Grandma gestorben war und Hobbes für meinen Katzen verachtenden Grandpa eine schreckliche Last darstellte, zumal er nicht gerade das Paradebeispiel eines netten Haustieres ist. Er hat am liebsten seine Ruhe und eine warme Heizung, wo er meistens vor sich hin döst. Wenn man ihn stört, dann ärgert er sich und kratzt und faucht und beißt.

Und dann haben wir noch Grischas Au-pair-Mädchen, das jedes Jahr wechselt und sich um Einstein Juniors leibliches Wohl kümmert, wenn meine Eltern aus beruflichen Gründen unterwegs sind.

Und so war es auch in diesem Frühling. Papa war wie gesagt in Australien und meine Mutter hatte eine Einladung zu einem dreiwöchigen Tanzworkshop nach Amsterdam angenommen.

Damals war gerade Katie Crawford aus Amerika Grischas Au-pair-Mädchen.

„Ist es in Ordnung, wenn ich hinfahre?", fragte meine Mutter Katie.

Katie Crawford nickte und ich konnte ihr förmlich ansehen, wie sie sich darauf freute, drei Wochen ungestört mit Siemen verbringen zu können.

Katie kaute immerzu große Kugeln amerikanischen Kaugummi und hörte gerne Countrymusic, und sie hatte eigentlich auch eine Menge Sommersprossen im Gesicht, genau wie meine Mutter. Aber anders als Mama konnte sie ihre Sommersprossen wohl nicht besonders gut leiden, denn sie puderte sie sich jeden Morgen im Bad sorgfältig zu. Außerdem hatte Katie Crawford ringelige schwarze Locken und oft Kopfschmerzen und sich gleich nach ihrer Ankunft in Siemen verliebt.

„Sie ist eine wahre amerikanische Katastrophe ohne das kleinste bisschen Grips in ihrem zugegebenerweise hübschen Schädel", hatte Siemen am Anfang einmal gesagt, weil sich Katie Crawford, sobald er nach Hause kam, jedes Mal sofort wie eine dieser Kletten mit unzähligen kleinen Widerhaken an ihn hängte.

Grischa, der, wenn man ihn Geige spielen ließ und ab und zu mit minimalistischem Essen versorgte, sehr pflegeleicht war, brauchte Katies Aufmerksamkeit und Fürsorge sowieso nicht, und darum hatte Katie jede Menge freie Zeit übrig, die sie damit verbrachte, Siemen aufzulauern und für sich einzunehmen.

Siemen hatte damals eigentlich eine feste Freundin, aber es sollte ja der Frühling der verbotenen Dinge werden, und darum kam der Abend, ein paar Tage nach Mamas Abreise nach Amsterdam, an dem Katie Crawford und Siemen sich küssten. Ich hätte es kommen sehen müssen, denn Katie hatte sich an diesem Morgen zum ersten Mal nicht über ihre Sommersprossen hergemacht, um sie unter einer dicken Schicht rosa Puder zu begraben. Stattdessen saß sie sehr sommersprossig und ringellockig und aufreizend im Wohnzimmer auf der Lauer, als Siemen und ich mit Grischa nach Hause kamen. Nicht mal einen ihrer amerikanischen Kaugummis hatte sie im Mund.

Ich schaute Siemen prüfend von der Seite an und beobachtete, wie er Katie Crawford ansah, und ich flüsterte sogar noch warnend: „Denk an Tamara, die ausflippen wird, wenn du sie hintergehst. Und denk daran, dass Katie Countrymusic liebt, nicht besonders viel Grips im Kopf hat und außerdem in einem halben Jahr zurück nach New Jersey fliegt ..."

Aber es nützte nichts. Ich war an diesem Abend dabei und Grischa auch und außer uns beiden meine beste Freundin Janne und Jannes Cousin Frederik.

Und mit diesem Abend begannen die verbotenen Dinge.

2

Es war ziemlich kalt und windig in dieser Nacht. Trotzdem setzten wir uns in den Garten mitten auf die Wiese, Siemen und Katie Crawford, Grischa und ich und Janne und ihr Cousin Frederik. Frederik war so alt wie Siemen, siebzehn, und ich kannte ihn schon jahrelang. Jedes Jahr kam er ein paar Mal aus Berlin zu Besuch. Normalerweise immer nur in den Ferien und in Begleitung seines Zwillingsbruders Sebastian. Aber vor ein paar Tagen hatte Sebastian versucht, sich das Leben zu nehmen, keiner wusste warum, nicht einmal Frederik. Er war einfach in den Wald gegangen und hatte sich in einem alten, verwitterten Baumhaus versteckt, das die Zwillinge vor vielen Jahren einmal zusammen gebaut hatten, und dort oben hatte er eine Menge Schlaftabletten geschluckt und war zusammengebrochen.

„Wenn ihn nicht zufällig dieser Spaziergänger gesehen hätte, wäre er tatsächlich gestorben", sagte Frederik kopfschüttelnd.

„Was hat er sich bloß dabei gedacht?", fragte Siemen.

Frederik zuckte mit den Achseln. „Keine Ahnung", murmelte er düster. Ich musterte ihn prüfend. Janne hatte mir erzählt, dass Frederik völlig verzweifelt gewesen war, als er erfahren hatte, was geschehen war. Dabei hatten sich die beiden in den letzten Jahren nicht so besonders viel zu sagen gehabt. Als Kinder waren sie praktisch unzertrennlich gewesen, aber je älter sie wurden, desto weniger konnten sie miteinander anfangen. Frederik war groß und hübsch und sportlich und ein richtiger Spaßmacher, und Sebastian war über einen Kopf kleiner als er und blass und still und grüblerisch. Dazu kam, dass er seit ein paar Jahren an einer schweren Augenkrankheit litt und immer kurzsichtiger wurde. Er hatte mehrere komplizierte Augenoperationen hinter sich, aber die hatten nicht viel genützt, und Janne hatte mir erzählt, dass er nur noch sehr schlecht lesen konnte.

Als ich Sebastian das letzte Mal gesehen hatte, trug er eine witzige Woody-Allen-Brille mit ziemlich dicken Gläsern und schien ganz gut mit seinem Leben zurechtzukommen. Aber jetzt hatte er versucht, sich das Leben zu nehmen, und das war ein schrecklicher Gedanke.

Frederik hatte es nicht über sich gebracht, ihn in der Klinik zu besuchen.

„Er hat geheult wie ein Schlosshund", hat Janne gesagt. „Und dann hat er tagelang nur trübselig herumgehockt und die Wände in seinem Zimmer angestarrt. Und darum ist er jetzt hier. Er sagt, er braucht Ablenkung ..."

Erst kurz vor Mitternacht fiel uns auf, dass Grischa immer noch bei uns saß, anstatt im Bett zu liegen, wie es sich für einen kleinen, verfrorenen Fünfjährigen gehörte.

„Los, Einstein, ab in die Koje", sagte Siemen deshalb streng.

„Ich will aber nicht", antwortete Grischa störrisch. „Ich will lieber hier sein und euch zuhören."

„Du hast genug zugehört", sagte ich.

„Habe ich nicht", beharrte Grischa. „Ich will wissen, warum Sebastian diese vielen Tabletten genommen hat und was Tamara wohl sagt, wenn sie erfährt, dass Siemen jetzt Katie Crawford küsst, und wann Frederik Leonie küssen wird, weil er sie schon die ganze Zeit so anguckt, als würde er es gleich tun ..."

Ich zuckte zusammen, als ich das hörte, und mir wurde für einen Moment ganz schwindelig vor Verlegenheit. Stimmte das? Schaute Frederik mich tatsächlich so an?

„He, du Spinner, steck deine Nase nicht in anderer Leute Angelegenheiten", sagte Janne und lachte leise.

„Los, ins Bett, Grischa", wiederholte Siemen ungeduldig.

Und da stand Grischa beleidigt auf und trottete ins Haus.

Es war jetzt richtig Nacht und am Himmel stand ein schmaler, blasser Mond.

„Ziemlich kalt inzwischen, was?", stellte Siemen fest und dann ging er, ohne eine Antwort abzuwarten, ins Haus und kam gleich darauf mit einem Arm voller Decken wieder zurück.

Wir wickelten uns ein wie die Eskimos. Janne und ich teilten uns eine Decke und Siemen und Katie Crawford aus New Jersey teilten sich auch eine. Frederik bekam die dritte Decke für sich alleine. Ich merkte, wie er mich anschaute, und lächelte ihm vorsichtig zu.

„Eine schöne Nacht", sagte Siemen und streichelte Katie Crawfords hübsches, sommersprossiges Gesicht. Er schien in dieser Nacht völlig vergessen zu haben, dass er sie eigentlich für eine amerikanische Katastrophe hielt.

„Aber kalt", meinte Frederik und sah mich wieder an.

„Stimmt, es ist ziemlich eisig", bestätigte Janne und fröstelte ein bisschen.

„Und hier gibt es bestimmt Mücken, Käfer, Ungeziefer ...", murmelte Katie und schaute sich beunruhigt um.

„Für Mücken ist es noch zu früh, für Käfer zu kalt und Ungeziefer gibt es bloß auf Müllhalden", murmelte Siemen zurück.

„Und im Hotel Chat d'Or", sagte Janne und stieß mich in die Seite. „Weißt du noch, die dicken fleischigen Kakerlaken an der Wand neben unserem Bett?"

Ich nickte. Natürlich erinnerte ich mich noch. Wir waren im vergangenen Herbst mit unserem Französischkurs in der Bretagne gewesen und hatten für eine Woche in einem billigen Hotel gewohnt, in dem es von Kakerlaken nur so gewimmelt hatte.

Bald darauf ging Siemen erneut ins Haus. „Wer will einen kleinen feinen Ouzo gegen das akute Erfrieren?", fragte er, als er zurückkam, und schwenkte eine schmale, halb volle Flasche.

Und weil wir alle froren, tranken wir alle einen Ouzo. Es war der erste meines Lebens.

„Ganz schön scharf", sagte ich.

„Aber lecker", sagte Janne. „Schmeckt wie Lakritze."

Ich nickte und merkte, wie mir ganz langsam ein bisschen wärmer wurde.

„Einstein ist übrigens auch noch wach", sagte Siemen. „Er sitzt in seinem Zimmer auf der Fensterbank, hört Vivaldi und beobachtet uns mit seinem Fernglas."

„Nicht zu glauben, dieses Wahnsinnskind", sagte Janne kopfschüttelnd. „Aber mir war er ja immer etwas unheimlich. Damals, gleich nach seiner Geburt, hatte er schon so einen merkwürdigen erhabenen Blick. Wir sollten ihn mal dem Dalai-Lama vorführen. Vielleicht ist er ja eine bedeutende Reinkarnation oder so was ..."

Wir lachten.

Frederik saß immer noch neben mir, wie die ganze Zeit schon. In seine Decke gehüllt starrte er vor sich hin. Die

Ouzoflasche war jetzt fast leer, Frederik hatte den Rest in einem Schwung ausgetrunken.

„Mir wird jedes Mal ganz flau, wenn ich an Sebastian, diesen Trottel, denke", sagte er plötzlich, und seiner Stimme konnte man anhören, dass er ein bisschen betrunken war. „Was mir nicht in den Kopf will, ist, *warum* er diesen Blödsinn gemacht hat. Und *warum* ich nicht mitbekommen habe, wie schlecht es ihm ging ..."

Frederik schaute mich an und ich schaute stumm zurück.

„Ich bin zweiundzwanzig Minuten älter als er", sagte Frederik und seine Augen sahen plötzlich sehr traurig und mitgenommen aus. „Mann, wenn er gestorben wäre ..."

Frederik schlug mit der Faust ins Gras und dann fing er an zu weinen. Er weinte bloß ganz leise und es klang gepresst und seltsam ungeübt. Wahrscheinlich hatte Frederik, bevor die Sache mit Sebastian passiert war, sehr lange nicht geweint.

Da legte ich meinen Arm um seine Schulter und streichelte sie ganz leicht. Zuerst reagierte Frederik überhaupt nicht, aber irgendwann lehnte er sich leicht an mich und ich kroch zu ihm unter die Decke. Frederik roch gut und es fühlte sich schön an, so dicht neben ihm zu sitzen. Mir war ein bisschen schwindelig. Schließlich hatte ich bis auf ein halbes Glas Sekt an meinem fünfzehnten Geburtstag noch nie Alkohol getrunken. Außerdem war es schon so spät und ich hatte eisige Hände und Füße.

„Leonie ...", murmelte Frederik in mein Ohr. Ich dachte, er wolle etwas sagen, aber er sagte dann doch nichts, sondern schob nur ganz vorsichtig seine warme Hand in meine kalte.

Ich musste plötzlich an früher denken, an all die Jahre,

die hinter uns lagen. Ich hatte Frederik schon gekannt, als er noch Milchzahnlücken und sommerlich aufgeschlagene Knie hatte. Und ich hatte sein erstes Rennrad gesehen und einmal hatten wir zusammen mit Janne, Sebastian und Siemen einen gigantischen Staudamm am Bach gebaut und auf diese Weise versehentlich einen großen Teil eines Maisfeldes geflutet.

Wir hatten Kaulquappen zusammen gefangen und in irgendwelchen Sommerferien hatten wir einen verletzten jungen Fuchs im Wald gefunden und zum Tierarzt gebracht.

„Wie lange kennen wir uns eigentlich schon, Frederik?", flüsterte ich schließlich. „Ich meine, wie alt waren wir, als wir uns zum allerersten Mal gesehen haben?"

„Keine Ahnung", flüsterte Frederik zurück. „Winzig waren wir jedenfalls und du warst besonders winzig. Ein Winzling mit Strubbelhaaren, Zahnlücken und schönen, wirklich wunderschönen, kugelrunden waldmeistergrünen Augen ..."

Ich lächelte, und dann legte Frederik vorsichtig seine Lippen auf meine und küsste mich.

„Ich sehe euch übrigens!", tönte in diesem Moment eine gellende Stimme in den Garten herunter. Es war Grischas Stimme. „Frederik küsst Leonie, wie ich es gesagt habe!"

Es klang triumphierend.

Frederiks Lippen entfernten sich ein bisschen.

„Geh endlich schlafen, du Nervensäge!", rief Siemen ärgerlich.

„Wollte ich ja", verteidigte sich Grischa und seine Stimme klang jetzt ebenfalls ärgerlich. „Aber Tamara hat angerufen, eben gerade, stell dir mal vor. Obwohl es schon mitten in der Nacht ist. Sie hat sich bei mir entschuldigt und mich gefragt, ob sie mich geweckt hat, und dann hat sie gesagt, dass sie den ganzen Abend auf dich gewartet hat, weil ihr verabredet gewesen seid. Aber du bist einfach nicht gekommen und angerufen hast du auch nicht. Sie war ziemlich wütend, vor allen Dingen, als ich ihr erzählt habe, dass du schon den ganzen Abend mit Katie Crawford im Garten sitzt."

Siemen machte ein bestürztes Gesicht. „Das hast du ihr gesagt?", fragte er und sprang auf.

„Ja, aber ich habe nicht gesagt, was ihr gemacht habt. Ich meine, dass du Katie Crawford immerzu geküsst hast. Als Tamara wissen wollte, was ihr denn so im Garten macht, da habe ich gesagt, ihr sitzt eigentlich nur so rum und tut gar nichts ..."

Siemen sah nicht so aus, als ob ihn diese Aussage besonders beruhigen würde.

Grischa saß noch eine Weile mit seinem Fernglas am Fenster und beobachtete uns beim Nichtstun. Dann schloss er geräuschvoll das Fenster und knipste seine Nachttischlampe aus.

„Seht mal, Janne ist eingeschlafen ...", flüsterte Katie Crawford mit ihrem amerikanischen Akzent in diesem Moment und wies auf meine beste Freundin, die zusammengerollt wie ein Baby im Gras lag und leise schnarchte.

„Ich bin auch müde", sagte Siemen und machte Anstalten, es Grischa und Janne nachzutun und den Abend zu beenden. Aber dann überlegte er es sich doch anders und setzte sich zurück ins Gras.

Irgendwann schliefen wir alle, Siemen und Katie Crawford, die eigentlich für Grischas leibliches Wohl eingestellt war, Seite an Seite neben einem verwilderten Oleandergestrüpp, und Frederik und ich unter unserer dünnen, schönen Birke.

Frederik hielt meine Hand immer noch in seiner Hand, und ich spürte, dass ich mich tatsächlich verliebt hatte.

Hoffentlich würde es Sebastian bald wieder besser gehen.

3

Ich wachte auf, als es hell wurde. Verschlafen und verwirrt und ziemlich verfroren blinzelte ich um mich und richtete mich auf. Siemen lag ein paar Meter von mir entfernt auf dem Rücken und schnarchte laut. Unser Au-pair-Mädchen aus New Jersey dagegen war verschwunden. Aber Frederik war noch da, allerdings war seine Hand nicht mehr in meiner und er hatte sich auf die Seite gerollt und auf seiner linken Wange war ein Grasmuster. Er schlief noch fest und schnarchte mit Siemen und Janne um die Wette. Janne lag immer noch genauso zusammengerollt da wie vor ein paar Stunden, als sie so plötzlich eingeschlafen war.

Eilig, weil ich entsetzlich fror, stand ich auf und ging ins Haus. Grischa saß mutterseelenalleine in der Küche am Tisch und aß sein Lieblingsfrühstück, eine große Schüssel Kellog's-alle-Sorten-durcheinander mit reichlich Kakaomilch und dazu eine kleine Schüssel mit einer essigsauren Mischung aus Perlzwiebeln, Gurken und eingelegten Minimaiskolben.

„Ich habe übrigens schon Kaffee gekocht", sagte Grischa, als er mich sah.

Ich lächelte ihm zu, weil es mich immer wieder rührte, wie selbstständig und perfekt er in allem war.

„Danke", sagte ich und ging zur Kaffeemaschine. Ich schenkte mir eine Tasse ein und setzte mich dann pflichtschuldig zu ihm an den Tisch. Aber fast gleichzeitig sprang

Grischa auch schon wieder auf, verstaute sein Geschirr sorgfältig in der Spülmaschine und schlüpfte in seine winzige Jacke.

„Ich gehe dann jetzt", verkündete er. Grischa besuchte damals einen Frühförderkindergarten für hochbegabte Kinder, und weil der am anderen Ende der Stadt war, wurde er, wenn meine Eltern nicht da waren, von einem Fahrdienst abgeholt.

„Wo ist Katie überhaupt?", rief ich ihm hinterher.

„Sie sitzt oben im großen Bad in der Badewanne und jammert vor sich hin", rief Grischa vergnügt zurück.

„Warum jammert sie?", erkundigte ich mich verwundert.

„Sie sagt, ihr ist heute Morgen ein haariges, gigantisch riesiges Insekt einmal quer über das Gesicht gelaufen", kicherte mein kleiner Bruder entzückt und verschwand im Vorgarten.

Ich ging ans Küchenfenster und schaute ihm hinterher. Damals sah ich ihn zum letzten Mal. Und ich werde diesen Anblick nie vergessen: wie Grischa mit eiligen Hopsern durch den Vorgarten galoppierte, seine rötlich blonden, verstrubbelten Haare, seine winzigen Füße, die in verschiedenfarbigen Socken steckten, und seinen linken Turnschuhschnürsenkel, den er nicht richtig zugebunden hatte und der darum lose herumbaumelte ...

Nacheinander wachten die anderen auf. Zuerst erschien Janne in der Küche, sie klapperte mit den Zähnen und verkündete, noch niemals so gefroren zu haben wie an diesem Morgen. „Außerdem habe ich die ganze Nacht kein Auge zugemacht", murmelte sie und plumpste stöhnend auf einen Küchenstuhl.

Ich grinste ihr zu. „Dafür, dass du kein Auge zugemacht hast, hast du aber ganz schön laut geschnarcht", antwortete ich ihr und setzte mich neben sie.

„Ich schnarche nie", erklärte Janne würdevoll. „Schnarchen ist unweiblich und unerotisch."

„So ein Blödsinn!", sagte ich und tippte mit meinem Finger gegen Jannes Stirn.

Kurz darauf kamen Siemen und Frederik ins Haus.

„Hattest du nicht gesagt, es wäre noch zu früh für eine Mückeninvasion?", fragte Frederik Siemen vorwurfsvoll und kratzte sich die rechte Backe.

Siemen nickte. „Na klar", sagte er. „Mücken kommen immer erst ab Anfang Mai."

„Du bist anscheinend ein höchst unzulänglicher Insektologe", knurrte Frederik und betrachtete traurig eine dicke Schwellung auf seinem rechten Daumen. „Ich bin total zerstochen. Ich fühle mich, als hätte mich ein ganzer Schwarm ausgehungerter Vampire angegriffen ..."

„Das können allerdings unmöglich Mücken gewesen sein", dozierte Siemen streng. „Denn Mückenüberfälle gibt es in diesem Garten wie gesagt frühestens ab Anfang Mai. Glaub mir, da spricht der Fachmann ..."

In diesem Moment kam Katie die Treppe herunter. Sie sah ebenfalls recht mitgenommen aus. „Kein Ungeziefer, hast du gesagt", begrüßte sie Siemen düster.

„Höchstens ein paar harmlose Tausendfüßler und Ohrkneifer, mehr ist Anfang April absolut noch nicht drin", räumte Siemen grinsend ein und angelte sich eine Handvoll trockene Honeynut-Loops aus einer der Kellog's-Schachteln, die Grischa auf dem Tisch hatte stehen lassen.

„Und dicke Spinnen, die über einen drübermarschieren, als wäre man ein Wanderweg", klagte Katie, ließ sich auf einen Stuhl fallen und knabberte ein paar Cornflakes.

Frederik hatte sich neben mich gesetzt.

„He, Leonie", sagte er leise. „Ich habe dich vermisst, als ich aufgewacht bin."

Ich lächelte ihm zu, und es war ein schönes Gefühl, als Frederik gleich darauf seine Hand auf meine legte.

Seine Hand war so groß, dass sie meine fast völlig bedeckte.

„Haben wir noch Zeit zum Duschen?", fragte Janne.

Ich schaute auf meine Armbanduhr und nickte dann. Allerdings nur widerwillig, denn ich hatte überhaupt keine Lust, in die Schule zu gehen.

In diesem Moment klingelte das Telefon. Wir ließen den Anrufbeantworter anspringen. Es war Tamara, die Siemen mit kühlschrankkalter Stimme aufforderte, auf der Stelle den Telefonhörer abzuheben.

„... denn wenn du tatsächlich mit eurem gripslosen amerikanischen Au-pair-Mädchen rummachst, dann hab wenigstens den Mut, es zuzugeben, du Monster", sagte Tamara eisig. „Dein kleiner Bruder hat da nämlich ein paar sehr merkwürdige Andeutungen gemacht letzte Nacht."

Dann klickte der Anrufbeantworter abrupt, Tamara hatte mit einem heftigen Knall die Verbindung unterbrochen.

„Was heißt *gripslos*?", erkundigte sich Katie misstrauisch.

„Nichts weiter", antwortete Siemen hastig.

„Na, *nichts weiter* stimmt nun nicht unbedingt", verbesserte Frederik mit gerunzelter Stirn angriffslustig, denn in ebendiesem Moment hatte er an seinem rechten Daumen einen zweiten Mückenstich entdeckt.

Siemen warf Frederik einen flehenden Blick zu. „Okay, vielleicht gibt es Anfang April doch schon ein paar vereinzelte blutrünstige Mücken", räumte er reumütig ein und schlug Frederik, über den Tisch hinweg, versöhnlich auf die Schulter. „Aber dass sie sich alle ausgerechnet auf dich gestürzt haben, dafür kann ich ja nun nichts", fügte er schnell hinzu.

In diesem Moment klingelte das Telefon ein zweites Mal.

Und wieder ließen wir vorsichtshalber den Anrufbeantworter anspringen. Diesmal war es aber nicht Tamara, sondern meine Freundin Lara, die mich daran erinnerte, dass wir heute den Chemietest von letzter Woche wiederholen würden.

Janne und ich schauten uns entsetzt an.

„Total vergessen, diesen Misttest", murmelte Janne schließlich.

Da klingelte das Telefon erneut. Wir stöhnten genervt, während unser Anrufbeantworter geduldig zum dritten Mal erzählte, dass wir leider im Moment alle nicht abkömmlich seien und der Anrufer uns doch getrost seine Nachricht auf Band hinterlassen möge.

„Wenn das wieder Tamara ist, drehe ich ihr den Hals um", murmelte Siemen finster. „So kann ja kein Mensch in Ruhe frühstücken ..."

Aber es war wieder nicht Tamara. Es war Frederiks Mutter, die anscheinend überall herumtelefonierte, um ihm mitzuteilen, dass es seinem Zwillingsbruder schon viel besser ginge und dass Frederik so schnell wie möglich zurück nach Hause kommen solle, um Sebastian im Krankenhaus zu besuchen.

„... er hat schon ein paar Mal nach dir gefragt, Frederik", sagte seine Mutter eindringlich. „Und der Psychologe im Krankenhaus denkt ebenfalls, es ist wichtig, dass du ihm jetzt zur Seite stehst ..."

Ich schaute Frederik an, nachdem der Anrufbeantworter sich ausgeschaltet hatte und es ganz still in der Küche war.

„Zum Glück geht es ihm wieder besser", brach Janne schließlich das Schweigen. Wir nickten.

„Ich werde dann wohl heute irgendwann Richtung Heimat fahren", murmelte Frederik und schaute mich von der Seite an. Ich musste an unseren Kuss im Garten denken und ich wünschte mir plötzlich sehnlichst, Frederik könnte noch bleiben. Unsere Blicke trafen sich, und ich war mir auf einmal ganz sicher, dass es ihm ähnlich ging.

Wie merkwürdig, dass ich mich ausgerechnet in Frederik verliebt hatte, den ich doch schon so lange kannte!

Siemen fing an, den Frühstückstisch abzuräumen und nach einem letzten Schluck Kaffee half ich ihm dabei. Als ich nach den Frühstücksbrettchen griff und Frederik sich gleichzeitig über den Tisch beugte und die Butterschale nahm, berührten sich unsere Finger. Wir schauten uns an und schauten wieder weg.

Aber als ich die Brettchen in die Spülmaschine räumte und Frederik die Kaffeetassen dazustellte, trafen sich unsere Finger wieder.

„Leonie mit den Waldmeisteraugen", sagte Frederik dieses Mal leise und lächelte mir zu.

Ich lächelte zurück und hatte Herzklopfen.

„Leonie mit den Waldmeisteraugen, du wirst mir fehlen, wenn ich wieder in Berlin bin."

Und dann ging er plötzlich zum Telefon und rief seine Mutter an. Er ließ mich nicht aus den Augen, während er sprach. „Schön, dass es Sebastian wieder besser geht", sagte er. „Ja, ich werde kommen und ihn besuchen. Aber erst morgen, okay?"

Er legte auf und kam zu mir herüber, nahm mein Gesicht in seine Hände und streichelte mit seinen Daumen meinen Mund.

„Ich glaube, ich habe mich tatsächlich in dich verliebt, Leonie", flüsterte er, und dann küssten wir uns zum zweiten Mal.

Und so begann der Vormittag. In die Schule allerdings gingen wir nicht. Das Telefon klingelte noch ein viertes Mal, und diesmal unterhielt sich der Anrufbeantworter mit

Mama, die hören wollte, ob bei uns alles in Ordnung sei und Siemen und ich ordnungsgemäß in der Schule und Grischa im Kindergarten seien. Diesen Kontrollanruf tätigte sie jeden Morgen.

„Katie, wo steckst du denn?", fragte meine Mutter zum Schluss. „Geh doch bitte heute Nachmittag mit Grischa in den Park. Er braucht dringend ein bisschen frische Luft, und wenn man ihn nicht zwingt, dann hockt er von früh bis spät nur an seinem Computer oder übt wie ein Verrückter auf der Geige ..."

Nach dieser Aufforderung schaltete sich der Anrufbeantworter ab.

„Als ob nur unser zwergenhafter Einstein Junior frische Luft nötig hätte!", rief Siemen empört aus dem Wohnzimmer, wo er mit Katie auf dem Flokati lag und ihr aus *Krieg und Frieden* vorlas, während Katie ihren ringellockigen Kopf in Siemens Schoß liegen hatte und für ihn Seifenblasen blies. „An uns denkt mal wieder keiner!"

Janne, Frederik und ich waren in der Küche. Während Janne vergeblich versuchte, den griesgrämigen Hobbes zu zähmen, saßen Frederik und ich einfach nur nebeneinander auf der warmen, eingeschalteten Spülmaschine. Wir sprachen über Sebastian und versuchten herauszufinden, was mit ihm los war und wie es dazu hatte kommen können, dass er das getan hatte, was er getan hatte.

„Stimmt, ein bisschen frische Luft wäre gar nicht schlecht", sagte Frederik als Antwort auf Siemens Protestruf aus dem Wohnzimmer. „Was meinst du, Leonie?"

Ich zuckte mit den Schultern, denn wenn es nach mir gegangen wäre, hätte ich noch stundenlang so mit Frederik auf der vor sich hin brummenden Spülmaschine sitzen können.

„Wir könnten in den Wald fahren, wo wir früher im Winter Schlitten gefahren sind", schlug Frederik vor. "Ihr wisst schon, der Weg mit dem riesigen Steinbruch mit der Aussichtsstelle dahinter", fügte er mit zusammengekniffenen Augen hinzu. "Mensch, da war es immer schön."

Ich nickte und in diesem Moment kamen Siemen und Katie in die Küche.

"Los, wir machen alle zusammen einen richtig tollen, ausführlichen Frühlingsausflug zum Steinbruch im Wald", sagte Frederik und rutschte von der Spülmaschine.

"Da fährt aber kein Stadtbus hin", gab Janne zu bedenken.

"Stimmt, nur dieser blöde Überlandbus", sagte Siemen und verzog das Gesicht. "Und der kostet Unsummen und braucht eine halbe Ewigkeit, bis er erst noch durch sämtliche Vororte gegondelt ist ..."

"Wir könnten doch einfach ein bisschen in den Stadtpark gehen und uns beim kleinen Ententeich auf den wackeligen Steg setzen", schlug ich vor. "Da gibt es auch massenweise frische Luft."

Aber das wollten die anderen nicht. "Der Stadtpark ist doch langweilig", sagte Siemen achselzuckend. "Da laufen am Vormittag nur jede Menge Dackel und Pudel und Rehpinscher rum und führen ein paar alte Rentner an der Leine spazieren."

"Was ist eigentlich mit eurem Auto?", fragte Janne plötzlich.

"Was soll damit sein? Es steht in der Garage", sagte ich. Denn Papa hatte das Auto nicht mit nach Australien genommen und auch Mama hatte es vorgezogen, nach Amsterdam zu fliegen und auf das Auto zu verzichten.

"Was nützt uns das Auto, wenn keiner damit fahren kann?", fragte ich.

"Katie kann doch fahren!", rief Janne.

Und das stimmte, Katie war schon neunzehn, und sie hatte einen amerikanischen Führerschein, mit dem sie in Deutschland fahren durfte. Das hatte sie auch schon ein paar Mal getan. Sie hatte Grischa zur Geigenstunde kutschiert, und einmal hatte sie Hobbes zum Tierarzt gebracht, als er sich eine Pfote verletzt hatte.

„Also, worauf warten wir noch", rief Siemen vergnügt und holte den Autoschlüssel vom Schlüsselbrett in der Diele.

Und dann fuhren wir los. Siemen lotste Katie durch die Straßen, und nachdem wir die Stadt hinter uns gelassen hatten, war es nicht mehr weit. Frederik und ich saßen Hand in Hand auf der Rückbank im Wagen und ich lehnte mich an Frederiks Schulter und es war der beste Tag seit Langem.

Im Wald war es wunderschön. Wir liefen kreuz und quer durch das Unterholz und Frederik und ich sammelten ein paar schöne Tannenzapfen und Steine, die Frederik seinem Bruder mit ins Krankenhaus bringen wollte. Ganz zum Schluss fand ich noch eine fast schwarze Kastanie vom vergangenen Jahr, die jetzt einen langen Kastanienbaum-Keim hatte und die, wenn man sie an einer geschützten Stelle vergrub, eines Tages ein erhabener Kastanienbaum werden würde.

„Schenk sie Sebastian mit einem Gruß von mir", sagte ich zu Frederik und drückte sie ihm in die Hand.

Frederik und ich waren stehen geblieben, die anderen waren uns ein Stück voraus und plötzlich schlang Frederik seine Arme um mich und drückte mich fest an sich.

„Leonie", murmelte er leise. Und wieder dachte ich, wie am Abend zuvor in unserem Garten, er würde mir etwas sagen wollen. Aber wieder kam nichts weiter.

„Was wolltest du sagen?", fragte ich darum schließlich.

„Nichts", antwortete Frederik und lächelte, aber seine Stimme klang ernst. „Ich wollte nur deinen Namen aussprechen. Das tue ich so gerne. Leonie, Leonie, Leonie ..."

Und dann küssten wir uns wieder. Es wurde ein richtig langer Kuss und Frederik öffnete schließlich mit seiner Zunge ganz vorsichtig meinen Mund. Ich zitterte innerlich und Frederik streichelte, während wir so still dastanden und uns küssten, meinen Rücken.

Irgendwann riefen die anderen nach uns. Da schlüpfte ich aus Frederiks Armen und wir lächelten uns zu. Dann liefen wir den anderen hinterher und viel zu schnell mussten wir wieder zurück. Es hatte angefangen zu regnen, ganz leicht bloß; der dünne, weiche Frühlingsregen tropfte in unsere Gesichter, während wir ins Auto stiegen.

„Es ist schon halb vier, wir müssen uns beeilen", sagte ich, nachdem ich einen Blick auf meine Armbanduhr geworfen hatte. „Um vier Uhr kommt Grischa nach Hause."

Katie startete den Motor und wendete den Wagen. Siemen schaltete das Radio ein und suchte einen Sender.

„Da, das ist ein uralter Song von Bob Marley", rief Janne begeistert aus. Janne liebte Bob Marley. „Mach mal lauter, Siemen!", bat sie deshalb.

Siemen stellte das Radio lauter. Janne und ich sangen mit und Frederik streichelte mit seinem Zeigefinger meine Hand und küsste ab und zu meinen Nacken. Es regnete jetzt stärker und Katie schaltete den Scheibenwischer an.

Der Regen prasselte laut auf die Windschutzscheibe und das sah schön aus: diese wilden, riesigen Tropfen, die zu Hunderten auf der durchsichtigen Glasscheibe aufschlugen und dort auseinanderspritzten zu winzigen Regenwassersprenkeln, ehe der Scheibenwischer sie blitzschnell zur Seite schob und verwischte. Rasend schnell ging das, immer wieder.

„Ein richtiger Wolkenbruch!", rief Siemen zufrieden, er hatte diese Art Regen schon immer geliebt.

„Siemen, der Scheibenwischer!", schrie Katie plötzlich. „Ich kann gar nichts mehr sehen ..."

Das stimmte, man konnte von einem Moment zum nächsten nichts mehr erkennen; die dicken, schweren, riesigen Regentropfen klatschten immer noch wie wilde Geschosse auf die Windschutzscheibe, aber der Scheibenwischer stand jetzt still. Mitten auf der Scheibe war er hängen geblieben. Wir fuhren ziemlich schnell und die Scheinwerferlichter ein paar entgegenkommender Autos blendeten uns und verschwammen mit dem wilden Regen auf der Scheibe zu einem wirren, verzerrten Bild.

Bäume, Scheinwerfer, Regentropfen, schemenhafte Autos – und dann ein lautes Krachen.

Mit einem Ruck wurde ich von meinem Platz in der Mitte der hinteren Sitzbank hochgerissen.

Ich öffnete meinen Mund, um zu schreien, weil ich so erschrocken war und weil ich Katie gerne zurufen wollte, sie sollte besser abbremsen und an den Rand fahren, weil ich nicht einmal angeschnallt war. Komischerweise brachte ich kein Wort heraus. Und dann fühlte ich, wie Frederiks Hand von meiner Schulter abglitt. Ich wollte nach ihr greifen, um mich an ihr festzuhalten. Überhaupt wollte ich bei Frederik sein, er sollte mich in den Arm nehmen und küssen, so wie vorhin im Wald.

Plötzlich spürte ich einen Schmerz in meinem Gesicht, ganz kurz bloß, so als hätte ich mir den Kopf angestoßen. „Aua ...", murmelte ich und wollte mich zu Frederik und Janne umdrehen, denn die beiden schienen mit einem Mal hinter mir zu sitzen. Aber sie waren verschwunden. Und Siemen und Katie waren auch nicht mehr da. Wo war ich bloß? War das vielleicht einer von Siemens blöden Späßen?

Er sollte damit aufhören. Schließlich hatten wir es eilig, wir mussten nach Hause. Grischa kam um vier. Ob er wenigstens seinen Schlüssel mit in den Kindergarten genommen hatte? Grischa hatte seinen eigenen kleinen Haustürschlüssel an der neongrünen Schnur, an der außerdem auch noch ein lustiger winziger Plastikdinosaurier baumelte. Und immer noch sang Bob Marley, eindringlich und vergnügt.

„Mama!", rief ich erschrocken. Ich zuckte zusammen, weil es mir merkwürdigerweise in meinem eigenen Kopf wehtat, während ich rief. Aber trotzdem schrie ich immer wieder. „Mama! Mama! Mama ..."

Plötzlich barst etwas in mir drin, und es wurde so hell um mich herum, dass ich die Augen zusammenkneifen musste. Was für ein schreckliches Licht! Wer blendete mich denn da so? Dann wurde es dunkel, furchtbar dunkel. Pechschwarz.

Und dann war alles vorüber.

Ein langer, enger, kalter Gang. Wie in einer Geisterbahn. Dunkelheit und Kälte. Und Stimmen, die meinen Namen rufen. Leonie! Leonie! Leonie! Leonie! Leonie! Das muss Frederik sein. Nur Frederik sagt meinen Namen so oft hintereinander, einfach nur so. Aber Frederik ist weit weg und irgendwo hinter mir. Ich kann nicht mehr zu ihm zurück. Auch Siemen und Janne sind hinter mir. Und komischerweise auch Grischa und meine Eltern. Papa und Mama. Aber die sind doch weit weg! Oder nicht? Zum Glück regnet es nicht mehr. Wo diese Kälte bloß herkommt? Wie tausend Nadeln sticht sie in meinen Körper. Und wieder diese Rufe.

Leonie! Leonie! Leonie! Leonie! Leonie!

Die Stimme, die immerzu meinen Namen ruft, klingt allerdings gar nicht wie Frederiks Stimme. Dafür klingt sie ängstlich und aufgeregt.

Warum kann ich bloß nicht antworten? Was ist hier überhaupt los? Vielleicht schlafe ich ja? Vielleicht ist das alles nur ein Traum.

Plötzlich herrscht ein Riesenlärm. Bei so einem Krach muss man doch aufwachen, das gibt es gar nicht, dass man bei so einem ohrenbetäubenden Lärm einfach weiterschläft. Aber ich schlafe trotzdem weiter. Oder bin ich wach? Ich höre Sirenen.

Irgendetwas prasselt auf meinen Kopf und in mein Gesicht. Ist das Regen? Ich gehe den langen schwarzen Gang entlang, aber gleichzeitig habe ich das Gefühl zu liegen. Wie kann das sein? Meine Beine sind eingeklemmt, also kann ich gar nicht laufen. Meine Beine fühlen sich überhaupt merkwürdig an, weich und warm und fast ein bisschen taub. Und trotzdem spüre ich, dass ich laufe, ganz sicher. Ich laufe diesen langen Gang entlang, weil ich das tun muss. Ich weiß, am Ende dieses Ganges wird alles gut sein. Vielleicht gehe ich aber gar nicht, sondern schwebe? Ja, so ist es tatsächlich. Ich schaue auf meine Beine hinunter und sehe, dass sich die Erde ein ganzes Stück unter mir befindet. Was für ein merkwürdiges, angenehmes Gefühl! Ich lache leise vor mich hin.

Aber plötzlich hält mich etwas auf. Widerwillig drehe ich mich um. Und da sehe ich sie, meine Eltern, die mich am Arm festhalten und etwas rufen. Ich versuche, ganz leise zu sein, um sie zu verstehen. Sie scheinen laut zu rufen, aber komischerweise kann ich sie trotzdem nicht verstehen. Woran liegt das nur? Es muss mein Atem sein, mein eigener Atem. Ich atme einfach zu laut. Eigenartig, dass das möglich ist. Dass man so laut atmen kann, dass man nicht mehr hört, was einem ein anderer zuruft. Ich gebe mir Mühe, so leise wie möglich zu atmen – und plötzlich tut mir alles weh! Am liebsten würde ich schreien ... Was sind das bloß für Schmerzen? Mein Kopf. Mein Kopf. Mein Kopf ... Was ist mit meinem Kopf passiert? Der dunkle Gang ist jetzt verschwunden, so als hätte es ihn nie gegeben.

Schmerzen. Schmerzen. Schmerzen.

Aber meine Mutter ist da. Ich kann sie hören und riechen. Es riecht ganz eindeutig nach einem Gemisch aus Pfefferminz und Lavendel. Was für ein schöner, angenehmer, beruhigender Duft! Mama. Mama. Mama.

Aber da sind immerzu diese Schmerzen.

Mein Kopf.

Was ist los mit mir?

Warum singt meine Mutter Lieder wie damals, als Grischa klein war?

„... twinkle, twinkle, little star, how I wonder, what you are ..."

Leonie! Leonie! Leonie!

Das ist die Stimme meines Vaters.

Leonie! Leonie! Leonie!

Das ist die Stimme von Siemen.

Jemand weint. Das klingt nach Grischa. Warum weint er bloß?

Plötzlich höre ich eine Geige. Das klingt auch nach Grischa. Wie schön er spielt. Bestimmt wird er mal ein berühmter Geiger. Grischa, lieber kleiner Grischa.

Leonie! He, Leonie, kannst du mich hören?

Das ist ja die Stimme von Frederik!

Klar kann ich dich hören, Frederik. Warum funktioniert bloß meine eigene Stimme nicht? Und wo bin ich überhaupt? Ich will aufstehen und die Augen öffnen und mit Janne in die Schule gehen. Den Chemietest nachschreiben.

Warum kann ich nicht aufstehen?

Nicht sprechen?

Nichts sehen?

Aber bewegen kann ich mich wieder, ganz plötzlich, Gott sei Dank. Ich bewege meine Arme und meine Beine. Na also, doch nur ein dummer Traum. Erleichtert richte ich mich auf – aber da ist er wieder, dieser wahnsinnige Schmerz in meinem Kopf.

Aber wenigstens bin ich wieder wach.

Wieder da.

Ich bin wieder da.

4

„Wo bin ich?"

Meine Hände glitten verwirrt über einen glatten, kühlen Stoff, auf dem ich zu liegen schien. Die Luft um mich herum roch eigentümlich und erinnerte mich an etwas, an einen Geruch, den ich kannte, der mir vertraut war. Was war das bloß für ein Geruch?

„Ich bin bei dir, Leonie, hab keine Angst", sagte plötzlich eine unbekannte Stimme.

Ich spürte, wie ich anfing zu zittern. Und gleichzeitig fiel mir ein, was das für ein merkwürdiger Geruch war. Das war Krankenhausluft, ganz sicher.

„Bin ich – in einem Krankenhaus?", fragte ich vorsichtig.

„Ja, du hattest einen Unfall", antwortete mir dieselbe fremde Stimme, die eben schon mit mir gesprochen hatte. „Und ich bin Schwester Anja und sitze hier neben deinem Bett."

„Da war ein dunkler Gang ...", stammelte ich, aber dann konnte ich nicht mehr weitersprechen, weil der Schmerz in meinem Kopf plötzlich wieder anschwoll und mir fast den Atem nahm.

„Es tut so weh ...", flüsterte ich. „Mein Kopf. Er – tut – so – weh ..."

„Ich weiß, Leonie", sagte die unsichtbare Stimme dieser unsichtbaren Krankenschwester und eine Hand streichelte meine Schulter. Und meinen Arm. Und meine Hand.

„Ich will nach Hause, bitte."

„Deine Eltern kommen jeden Moment", sagte Schwester Anja sanft. „Sie werden so froh sein, dass du endlich aufgewacht bist, Leonie."

„Ich will etwas sehen", flüsterte ich verzweifelt. „Warum ist es so dunkel? Ist es Nacht?"

„Nein, aber du hast einen festen Verband um den Kopf. Du kannst ihn fühlen, hier, spürst du ihn?"

Zwei kühle Hände griffen nach meinen heißen Händen und hoben sie hoch und führten sie zu meinem Kopf.

Da war tatsächlich ein dicker Verband.

„Aber ich will etwas sehen, ich *muss* etwas sehen", flüsterte ich voller Panik.

„Leonie!", rief in diesem Moment die Stimme meiner Mutter. Ich zuckte zusammen. Was für ein merkwürdiger Traum das gewesen war, in dem sie für mich *Twinkle, twinkle, little star* gesungen hatte ...

Oder war das gar kein Traum gewesen? Nein, plötzlich war ich mir ganz sicher, dass meine Mutter wirklich für mich gesungen hatte. Und sie hatte es getan, weil ich krank gewesen war, schwer krank. Aber warum bloß? Was fehlte mir denn?

„Mama, mein Kopf! Er tut so weh. Was habe ich? Muss ich sterben? Ich kann nichts sehen ..."

Ich wollte nicht solchen Krach machen, ich wollte nicht schreien und schluchzen und um mich schlagen. Aber ich tat es trotzdem.

„Mama! Mama! Mama!"

„Leonie, ich bin ja hier!"

Durch mein Geschrei hindurch klang die Stimme meiner Mutter dünn und kraftlos, dabei hatte ich den Eindruck, dass sie in Wahrheit fast genauso laut schrie wie ich.

„Mama, mach diesen Verband ab, bitte!"

Meine Hände zitterten und bebten und gehorchten mir kaum, aber ich riss und zerrte dennoch an dem Verband an meinem schmerzenden Kopf.

„Es tut so weh, Mama. Hilf mir, es tut so weh! Mein Kopf! Meine Augen!"

Wie durch einen Nebel aus Schmerz und Entsetzen spürte ich, wie mich jemand anfasste und zurück in dieses fremde Bett presste. Und da waren noch mehr Hände. Und diese Hände umklammerten meine Handgelenke.

„Ganz ruhig, Leonie – liebe Leonie", sagte meine Mutter und es waren ganz sicher ihre Hände, die mich jetzt streichelten. Wie viele Menschen waren hier eigentlich um mich herum versammelt?

Die streichelnden Hände meiner Mutter beruhigten mich ein bisschen, aber gleich darauf bäumte ich mich wieder auf, denn da war schon wieder jemand, der mich anfasste. Meine Bettdecke wurde plötzlich zurückgeschlagen und etwas stach mich in den Oberschenkel.

Mein Bein begann zu zucken und ich spürte, wie das Zucken sich in meinem ganzen Körper ausbreitete. Ich zuckte und zuckte und zuckte und merkte gleichzeitig, wie etwas Heißes, das von meinem Oberschenkel auszugehen schien, durch meinen zuckenden Körper strömte.

„Du musst keine Angst haben, Leonie", sagte meine Mutter und ihre Stimme schien auf einmal von weit her zu kommen.

Ich lag jetzt ganz still. Eine wohltuende Gleichgültigkeit erfasste mich; ich fühlte mich plötzlich federleicht. Das Zucken hatte nachgelassen und gleich darauf verschwand es ganz. Ich atmete auf, auch der Schmerz in meinem Kopf ließ nach. Ich spürte, wie ich müde wurde.

„Ich will schlafen", sagte ich leise.

Und dann schlief ich ein.

„Mama?", fragte ich verwirrt, als ich mit einem Ruck wieder erwachte. Undeutlich, sehr vage und undeutlich erinnerte ich mich daran, schon einmal aufgewacht zu sein. Damals war es dunkel um mich herum gewesen und irgendjemand hatte mich in dieses fremde, harte Bett gepresst. Wie lange war das wohl her? Eine Stunde? Einen Tag? Eine Woche? Ein Jahr? Immer noch roch es um mich herum nach Krankenhaus. Mein Bein hatte gezuckt. Meine Mutter war da gewesen und hatte mich gestreichelt. Und für mich gesungen. Und Grischa hatte Geige für mich gespielt. Und dann war ich immer wieder hochgehoben und in verschiedenen Betten abgelegt worden. Schmerzen hatte ich gehabt, schreckliche Schmerzen. Und immerzu hatte es um mich herum gepiepst. In verschiedenen Frequenzen. Es gab langsame Piepser mit einem angenehmen dunklen Klang. Und es gab schnelle Piepser, die mich nervös und unruhig machten.

Auch jetzt piepste es irgendwo hinter mir, aber diesmal war es zum Glück ein ruhiger, gleichmäßiger tiefer Ton, der mir keine Angst machte und der mir schon merkwürdig vertraut vorkam.

An meiner Hand schien etwas befestigt worden zu sein. Was war das nur? Und warum war es schon wieder dunkel? Oder war es *immer noch* dunkel?

Ich tastete misstrauisch nach diesem seltsamen Gegenstand an meiner Hand. Er war festgeklebt, so fühlte es sich zumindest an. Und wenn ich dagegen drückte, tat es weh. Aber meine andere Hand schien wenigstens in Ordnung zu sein.

Ich runzelte die Stirn und tastete mit dieser Hand vorsichtig meinen Körper ab. Was war nur los mit mir? Irgendjemand hatte gesagt, ich hätte einen Unfall gehabt.

Einen Unfall.

Ich versuchte verzweifelt, mich zu erinnern. Und plötzlich war es, als würde ich es noch einmal hören, das Krachen, und spüren, wie ich von der hinteren Sitzbank hochgerissen wurde.

Ja, wir waren mit dem Auto unterwegs gewesen, Siemen, Janne, Frederik und ich. Und Katie. Sie war gefahren. Wir hatten Bob Marley gehört und es war lustig gewesen. Frederik hatte neben mir gesessen und es hatte geregnet.

Dann hatte der Scheibenwischer plötzlich nicht mehr funktioniert. Das war es gewesen! Katie hatte geschrien. Und Siemen, der neben ihr saß, auch.

Wir waren verunglückt. So musste es gewesen sein. Vorsichtig bewegte ich meine Arme und meine Beine. Sie schienen unverletzt zu sein. Ich tastete über meinen Bauch und meine Brust. Alles war wie immer, nichts tat mir weh. Was war nur geschehen mit mir? Ich versuchte, mich aufzurichten, aber eine jähe Welle von Schmerz hinderte mich daran. Es war mein Kopf, der so wehtat. Mein Kopf und mein Gesicht. Ich sank zurück auf mein Kissen und wagte für eine ganze Weile nicht mehr, mich zu rühren. Aber schließlich fühlte ich doch nach meinem schmerzenden Gesicht. Und da war er, der feste, schwere Verband, den ich schon einmal ertastet hatte.

In diesem Moment hörte ich, wie eine Tür geöffnet wurde. Wie ertappt ließ ich meine Arme sinken und schob sie blitzschnell unter die Bettdecke.

„Du bist ja wach, wie schön", sagte eine fremde Stimme.
Ich schwieg.

„Ich bin Schwester Deborah und ich komme zum Fiebermessen. Möchtest du vielleicht etwas trinken? Ich könnte dir einen Tee holen, oder auch einen Saft."

„Was ist mit mir passiert?", fragte ich statt einer Antwort.

„Ihr hattet einen Unfall mit dem Auto deiner Eltern", erklärte die unbekannte Schwester, und ich spürte, wie sie meine Decke zurückschlug und mir ein Fieberthermometer unter den Arm schob. Es piepste leise, als sie es einschaltete.

„Aber was habe ich? Ich meine, warum bin ich hier? Und wo sind die anderen?"

„Du hast dich im Gesicht verletzt", sagte die Schwester und ich merkte, dass sie zögerte. „Und du hattest ein schweres Schädel-Hirn-Trauma. Und natürlich eine Menge Prellungen und Quetschungen."

„Mir tut aber gar nichts weh, nur der Kopf", meinte ich verwirrt.

„Der Unfall ist ja auch schon drei Wochen her", sagte die Schwester und zog das Thermometer wieder hervor. „Deine Eltern werden übrigens gleich da sein", fuhr sie fort, schüttelte meine Bettdecke auf und breitete sie anschließend wieder über mir aus.

„Drei Wochen?", stammelte ich fassungslos.

„Ja, drei Wochen", wiederholte die Krankenschwester.

Wie war das möglich?

„Ich kann mich gar nicht erinnern", flüsterte ich schließlich.

„Deine Eltern werden dir alles erklären", sagte die Schwester aufmunternd. „Ich muss jetzt weiter, aber wenn ich meine Runde gemacht habe, schaue ich noch einmal nach dir. Einverstanden, Leonie?"

„Hm", murmelte ich leise und hörte gleich darauf, wie meine Zimmertür geöffnet und geschlossen wurde. Danach war es ganz still. Benommen lag ich da.

Was war wohl den anderen passiert? Waren sie ebenfalls verletzt? Lagen sie, wie ich, in diesem Krankenhaus? Und wie lange musste ich überhaupt noch hier bleiben? Wann würde dieser schreckliche Verband entfernt werden? Ich wollte wieder sehen.

Mein Gesicht sei verletzt, hatte die Schwester gesagt. Was hieß das genau? War ich entstellt? Würde ich hässliche Narben haben?

In diesem Moment klopfte es leise an meine Tür.

„Ja?", rief ich nervös.

„Leonie!", antwortete die Stimme meiner Mutter und die Tür flog laut auf. „Leonie, du bist ja wach!"

Ich nickte und im nächsten Moment waren meine Eltern bereits an meinem Bett.

„Hallo, Mäuschen", sagte mein Vater, seine Stimme klang eigenartig. Und *Mäuschen* hatte er mich schon jahrelang nicht mehr genannt.

„Hallo, Papa", sagte ich und meine Stimme klang ebenfalls eigenartig.

„Wie fühlst du dich?", erkundigte sich meine Mutter, nachdem sie mich geküsst hatte. Ich hörte einen Stuhl über den Fußboden rücken und dann nahm sie meine Hand in ihre Hand. Mein Vater schien um mein Bett herumzugehen, und gleich darauf setzte er sich vorsichtig neben mich auf den Bettrand. Mein Oberschenkel berührte sein Bein, weil ich ein bisschen in die Kuhle hineinrollte, die sein Gewicht in meinem Bett machte.

„Ich weiß nicht", antwortete ich leise.

„Du siehst auf jeden Fall schon wieder viel besser aus", sagte mein Vater.

„Stimmt es, dass ich seit drei Wochen hier bin?", fragte ich schließlich.

Es war einen Augenblick ganz still im Zimmer. Dann war es meine Mutter, die sprach. „Ja", sagte sie leise. „Ach, Leonie, mein Mädchen. Das waren die schlimmsten drei Wochen meines Lebens. Denn eine ganze Weile wolltest du einfach nicht aufwachen. Tagelang haben wir abwechselnd an deinem Bett gesessen. Papa, Siemen und ich. Sogar Grandpa ist nach Deutschland gekommen und hat an deinem Bett gewacht. Und Grischa durfte dich ein paar Mal besuchen."

Ich nickte schwach. „Mama, was ist mit mir passiert?", fragte ich dann eindringlich.

„Ihr hattet einen schweren Autounfall. Du bist dabei aus dem Wagen geschleudert worden", antwortete meine Mutter, und ich spürte, dass ihre Hand in meiner Hand zitterte.

„Du warst nicht angeschnallt, Leonie", fügte mein Vater hinzu und seine Stimme zitterte wie die Hand meiner Mutter. Wieder war es für einen Moment ganz still.

„Um Himmels willen, warum warst du denn bloß nicht angeschnallt?", stieß mein Vater dann plötzlich aufgebracht hervor.

„Ben, bitte ...", flüsterte meine Mutter erschrocken. „Nimm dich doch zusammen. Wir haben tausendmal darüber gesprochen, dass es keinen Sinn hat, den Kindern jetzt noch Vorwürfe zu machen."

„Aber es hätte alles – ich meine, es wäre vielleicht gar nichts ... du lieber Himmel, haben wir euch diese Anschnallerei denn nicht jahrelang gepredigt?"

„Wie geht es denn den anderen?", fragte ich schnell.

„Den anderen geht es gut", sagte meine Mutter und streichelte mit ihren kalten Fingern über meine Wangen. „Nur Katie war für ein paar Tage ebenfalls im Krankenhaus. Sie hatte eine leichte Prellung an der Halswirbelsäule und ein Schleudertrauma."

„Und Siemen und Frederik und Janne?"

„Ihnen ist nichts passiert."

Ich nickte erleichtert.

„Nur mir also", sagte ich dann.

„Ja, nur du wurdest schwer verletzt", antwortete meine Mutter, und ich hörte, wie sie schluckte.

„Was genau habe ich eigentlich, Mama?", fragte ich vorsichtig.

„Du bist bei dem Aufprall gegen die Windschutzscheibe geschleudert worden und hast dir den Kopf und die Augen verletzt, Leonie."

Ich biss mir auf die Lippen und erinnerte mich an die schrecklichen Schmerzen in meinem Kopf.

„Hätte ich sterben können?", fragte ich leise und war mir nicht sicher, ob ich überhaupt eine Antwort auf diese Frage hören wollte. Und ich war mir auch nicht sicher, ob meine Eltern mir überhaupt eine ehrliche Antwort geben würden.

Aber sie taten es.

„Ja, du hättest sterben können", sagte meine Mutter. „Und du warst auch ganz nah dran, Leonie."

Und dann erzählte sie mir von dem Hubschrauber, der mich in die Notaufnahme dieses Krankenhauses geflogen hatte, von den vielen Operationen, die hinter mir lagen, von dem tiefen Koma, in das ich gefallen war, und von den schrecklichen Fieberanfällen, die mich tagelang gequält hatten, ohne dass ich es mitbekommen hatte.

Ich hörte ihr stumm zu.

„Aber du bist am Leben geblieben, Leonie", sagte sie irgendwann und seufzte. „Und der Tag, als der leitende Arzt dieser Station mir endlich versicherte, dass du über dem Berg wärst, war der schönste Tag in meinem Leben."

Ich lächelte und meine Mutter drückte meine Hand, die jetzt nicht mehr ganz so stark zitterte wie vorher.

„Wann wird denn dieser Verband abgemacht?", erkundigte ich mich dann.

Wieder war es für einen Augenblick still. So still, dass ich das Atmen meiner Eltern hören konnte. Ihr Atmen und ein paar zwitschernde Vögel, die irgendwo draußen unterwegs waren.

„Bald", sagte meine Mutter schließlich.

„Gott sei Dank", sagte ich. „Dass ich nichts sehen kann, ist nämlich am schrecklichsten. Es macht mich fast verrückt. Man kommt sich so hilflos vor, wenn man wie eine Blindschleiche im Bett herumliegt und sich nicht das kleinste bisschen orientieren kann. Wie spät ist es zum Beispiel? Was für ein Wetter ist draußen? Und wie sieht dieses Krankenzimmer aus?"

Wieder konnte ich das Atmen meiner Eltern hören.

„Okay, es ist im Augenblick kurz nach drei und draußen scheint die Sonne, allerdings sind auch eine Menge Wolken am Himmel und dieses Zimmer hat hellgelbe Wände und außer deinem Bett und dem üblichen Krankenhausnachttisch steht noch ein weißer Schrank an der gegenüberliegenden Wand und über dir hängt ein Druck von van Goghs Sonnenblumen."

Es war mein Vater gewesen, der mir geantwortet hatte.

„Mama, was hast du?", fragte ich lauernd, weil ich spürte, dass etwas nicht in Ordnung war und ganz und gar nicht zu der heiteren Aussage meines Vaters passte.

„Es ist ... nichts", antwortete meine Mutter, aber ihre Stimme verriet, dass sie nicht die Wahrheit sagte und dass sie sich in diesem Moment große Mühe gab, nicht zu weinen.

Und da wusste ich, was los war.

Ich wusste es von einem Augenblick zum anderen.

Ich konnte mich plötzlich an etwas erinnern. Diese Schmerzen in meinem Gesicht waren in Wahrheit Schmerzen in meinen Augen gewesen. Meine Augen hatte ich mir verletzt! Und ich erinnerte mich an noch etwas. An das wahnsinnig helle Licht, das mich für einen Moment geblendet hatte wie verrückt, und an die schwarze Dunkelheit danach!

„Ich bin blind, nicht wahr?", flüsterte ich erschrocken.

Dieser Satz klang so grauenvoll, dass ich mir am liebsten die Ohren zugehalten hätte. Und um nichts auf der Welt wollte ich ihn jemals ein zweites Mal aussprechen. Aber dann tat ich es doch.

„Mama, so ist es doch, oder? Ich bin blind und werde nie wieder etwas sehen."

Ich hörte meine Mutter schlucken.

„Ja, Leonie", sagte sie dann. „Du bist blind und wirst nie mehr etwas sehen können."

Ich schwieg.

„Aber das Leben geht trotzdem weiter", sagte mein Vater und diesmal drückte er meine Hand.

Ich schwieg.

„Und die Hauptsache ist, dass du überlebt hast", sagte meine Mutter.

Ich schwieg.

„Alles andere werden wir zusammen schaffen", sagte mein Vater.

Ich schwieg.

„Leonie?", fragte meine Mutter schließlich.

Aber ich schwieg einfach weiter. Ich schwieg und schwieg und schwieg, und in mir war es schwarz und um mich herum war es schwarz, und ich hatte plötzlich das Gefühl, auch nicht mehr hören und fühlen und denken zu können.

Ich konnte gar nichts mehr.

In mir war alles erstarrt.

5

Und weil ich nicht mehr sehen und nicht mehr hören konnte, war ich auch nicht mehr da. Ich war einfach verschwunden, unsichtbar und unauffindbar. Ich fand nicht nur meine Arme, meine Hände und meinen restlichen Körper nicht mehr, ich fand auch das Krankenzimmer, in dem ich lag, nicht. Ich fand keinen Tag und keine Nacht. Das Einzige, was da war, war Dunkelheit. Immer und überall Dunkelheit.

Ich bekam nicht mit, was meine Eltern taten, ob sie bei mir waren oder nicht. Ab und zu drückte mir jemand ein merkwürdig geformtes Teil an die Lippen, das sich anfühlte wie ein dicker, starrer Schnuller und das anscheinend zu einer Tasse gehörte und durch diesen Tassenschnabel musste ich trinken.

Alles, was ich sonst tun konnte und tat, war schlafen. Ich schlief und döste immerzu, auch wenn sie mich anfassten und wuschen und eincremten und untersuchten und mein fahrbares Krankenhausbett mit einem Ruck in Bewegung setzten und mich darauf fortfuhren, immer wieder, zu endlosen unsichtbaren Untersuchungen, die irgendwo stattfanden, in der immer gleichen Dunkelheit. Ich schlief und schlief und schlief. Ich war nicht ansprechbar, weil ich nicht da war. Weil es mich nicht mehr gab. Ich konnte nicht sehen, nicht hören, nicht riechen, nicht schmecken, nicht denken.

Ich hatte keine Ahnung, wie viel Zeit vergangen war, als mich eines Tages ein Geräusch dazu zwang, für einen Moment aufzuwachen. Ich hörte jemanden weinen, und es schien so, als weine er schon eine Weile. Es war ein Kinderweinen und im Bruchteil einer Sekunde wusste ich, wer da weinte. Es war Grischa.

„Grischa ...", murmelte ich und meine Stimme klang schrecklich. Trocken, rau und belegt.

„Leonie", schluchzte Grischa.

„Warum weinst du?", krächzte ich.

„Weil du wach sein sollst", sagte Grischa und zog die Nase hoch. „Weil du endlich wieder nach Hause kommen sollst."

Nach Hause.

Ich schwieg und musste plötzlich an unser kleines, gemütliches weißes Einfamilienhaus denken, an die roten Kletterrosen, die Janne und ich einmal vor vielen Jahren an der linken Giebelseite gepflanzt hatten und die seitdem jedes Jahr wuchsen wie verrückt. Sie wucherten so sehr, dass die Nachbarn in unserer Straße uns schon ein paar Mal darauf angesprochen hatten. Es war anscheinend nicht üblich, dass Rosen in einem derartigen Tempo wuchsen und dabei so verschwenderisch blühten.

Unser Haus.

Der verwilderte zugewachsene Garten dahinter, mit der leicht hügeligen Wiese, auf der Siemen, Katie, Frederik, Janne und ich damals die Nacht verbracht hatten.

Es schien eine halbe Ewigkeit her zu sein.

Frederik.

Frederik, der mich geküsst und meinen Rücken gestreichelt hatte an diesem Tag im Wald. Das war vor dem Regen gewesen, der uns auf dem Rückweg überrascht hatte. Und der mich blind gemacht hatte.

„Leonie, weinst du?", fragte Grischa in diesem Moment. Er griff nach meiner Hand und schob seine kleinen Finger hinein. Und da fing ich an zu weinen. Ich weinte und weinte und weinte, und es wurde ein richtiger Weinkrampf. Ich konnte mich nicht daran erinnern, jemals vorher so geweint zu haben.

Irgendwann fühlte ich, wie Grischa vorsichtig auf mein Bett kletterte und zu mir unter die Decke schlüpfte. Er schlang seine Arme um mich und kuschelte sich fest an mich. Seine feinen Haare kitzelten mich im Gesicht und plötzlich konnte ich wieder riechen. Ich roch den Duft von Grischas kleinem Körper, der mir so vertraut war, und den Duft seiner weichen, frisch gewaschenen Haare. Grischa lag ganz still in meinem Arm und ich atmete leise.

Ich hörte ihn atmen.

Ich roch den Duft seiner Kinderhaut.

Und ich fühlte seine wirren, weichen Haare in meinem Gesicht.

„Leonie, stell dir vor, ich gehe jetzt auch noch in einen Fußballverein", sagte Grischa irgendwann. „Zuerst wollte ich nicht, weil ich dachte, dann würde ich nicht mehr genug Zeit zum Geigespielen haben, aber Mama hat gesagt, ich müsste mal mit anderen Kindern spielen und etwas an der frischen Luft machen, weil es nicht gesund ist, so viel im Haus zu sein."

Und plötzlich sah ich Grischa vor mir, wie er klein und schmächtig auf einem großen Fußballplatz herumhopste, mit seinen wirren rötlich blonden Haaren und auf seinen streichholzdünnen Beinchen.

„Macht es dir denn Spaß?", fragte ich leise und meine Stimme klang immer noch ein bisschen kratzig, aber es war schon besser als zuvor.

„Ja, es macht schon Spaß", antwortete Grischa, nachdem er einen Augenblick nachgedacht hatte. „Und man kann, wenn man richtig gut ist, später Nationalspieler werden und bei der Weltmeisterschaft mitspielen! Das würde ich gerne. – Aber Herr Belyí ist natürlich ziemlich ärgerlich wegen der Sache. Er sagt, ich soll Geige spielen und den übrigen Unsinn sein lassen. Nur darum, sagt er, lebt er überhaupt noch. Er findet das Leben, seit er neunzig geworden ist vor drei Jahren, nicht mehr so sehr gemütlich. Und er stirbt nur deshalb noch nicht, weil er mir noch so viel beibringen will, hat er gemeint. Und jetzt hat er Angst, dass ich mich beim Fußballspielen verletzen könnte und danach vielleicht nicht mehr Geige spielen kann ..."

Es war schön, Grischa zuzuhören.

„Wenn du wieder gesund bist, musst du unbedingt mal mit mir zum Training kommen und zugucken ...", fuhr Grischa fort. „Oh!", unterbrach er sich selbst und hielt einen Moment inne. „Ich meine, du sollst einfach *mitkommen* und *dabei sein*. Das meine ich, Leonie ..."

„Ja", flüsterte ich und spürte meinen Herzschlag. „Ich komme ganz sicher mal mit, wenn du Fußball spielst."

Danach wurde es still zwischen uns.

„Bist du jetzt böse auf mich?", fragte Grischa schließlich. „Weil ich das mit dem *Zugucken* gesagt habe?"

Ich schüttelte den Kopf.

„Gut", sagte Grischa erleichtert. Er streichelte mein Gesicht. „Wie gut, dass du jetzt nur noch diese beiden Pflaster im Gesicht hast. Mit dem Verband hast du viel kränker ausgesehen."

„Pflaster?", wiederholte ich verwirrt.

„Ja, klar", sagte Grischa. „Sie haben doch gestern den Verband weggemacht. – Erinnerst du dich denn nicht?"

Ich schüttelte den Kopf und schwieg. Grischa wusste ja nicht, dass ich erst durch ihn wieder da war. Ein bisschen da, wenigstens.

„Fühl doch mal", schlug Grischa vor und griff nach meiner Hand.

Aber ich schüttelte wieder den Kopf. „Lieber nicht", sagte ich und klammerte mich mit den Händen an meine Bettdecke.

Gleich darauf wurden wir gestört, als es an meiner Tür klopfte.

„Herein!", rief Grischa für mich. Es war Mama.

„Na, ihr beiden?" Ich hörte ihre Schritte näher kommen. „Wie geht es euch?"

„Uns geht es gut", sagte Grischa. „Und Leonie hat mir versprochen, mit mir zum Fußballtraining zu gehen."

„Wie schön", sagte meine Mutter, und ich merkte, wie sie sich um eine vergnügte Stimme bemühte. Dabei klang sie eigentlich todtraurig.

Ich machte mich so klein wie möglich und drehte mich langsam zur anderen Seite, sodass ich mit dem Rücken zu meiner Mutter und Grischa lag. Und dann schlief ich wieder ein.

Ich hasse diese dunkle Welt um mich herum.

Ich wollte am liebsten tot sein. Ganz sicher würde ich Grischa niemals zu seinem Training auf den Fußballplatz begleiten, denn ich wollte mit dieser unsichtbaren Welt nichts zu tun haben.

Wieder vergingen Tage, an denen ich nichts weiter tat, als zu schlafen und zu dösen. Aber ganz konnte ich mich dem Leben um mich herum nicht mehr verschließen. Seit meinem kleinen Gespräch mit Grischa konnte ich wieder hören und riechen und fühlen. Und darum drangen die Geräusche des Krankenhausalltags zu mir durch, und ich roch das Desinfektionsmittel, wenn die Putzfrauen kamen, und spürte die Untersuchungen der Ärzte.

Ich hörte, wenn der Tag begann, weil die Schwestern mit Fieberthermometern und Frühstückstabletts ihre Runden machten. Am späten Vormittag wurde geputzt und die Ärzte kamen zur Visite vorbei, mittags gab es wieder Essen, nachmittags wurde es laut, wenn Besuchszeit war, und nach dem Abendbrot machte die Nachtschwester ihre Runde.

Die Schmerzen in meinem Gesicht ließen allmählich ein bisschen nach und auch die Kopfschmerzen waren weniger schlimm als noch vor ein paar Tagen.

„Leonie, ich bringe dir ein Telefon", sagte eines Tages Schwester Anja. „Ich stelle es auf deinen Nachttisch, fühl doch einmal, gleich hier vorne ist eine kleine Ablage, dort wird es befestigt. Du kannst es ganz bequem vom Bett aus bedienen. Sogar im Liegen, wenn du magst."

Ich spürte, wie sie nach meiner Hand griff, aber ich zog meine Hand weg und blieb reglos und stumm auf der Seite liegen.

„Leonie, ich weiß doch, dass du nicht schläfst", sagte Schwester Anja und seufzte.

Ich rührte mich nicht.

„Na, wenn es erst einmal losklingelt, wirst du schon zurechtkommen, da bin ich mir sicher", sagte die Krankenschwester und ging davon.

Es dauerte nicht einmal eine halbe Stunde, bis das Telefon zum ersten Mal schrillte. Ich zuckte erschrocken zusammen bei diesem ungewohnten Geräusch, aber ich bewegte mich kein bisschen. Wer sollte das schon sein? Meine Eltern wahrscheinlich, die ja wohl verantwortlich dafür waren, dass ich dieses Telefon jetzt an meinem Bett stehen hatte.

Natürlich konnte es auch Siemen sein, der anrief. Oder Grischa oder Janne. Und vielleicht war es sogar Frederik aus Berlin.

Jedes Mal, wenn sie mich besuchten, erwähnten meine Eltern Frederik.

„Er würde dich so gerne besuchen kommen", sagten sie. „Er ruft ständig bei uns an."

Aber ich wollte Frederik nicht dahaben. Also schüttelte ich stumm den Kopf, wenn sie davon anfingen.

„Hör doch auf, zu allem deinen Kopf zu schütteln", bat Mama dann immer. „Und sprich doch wieder mit uns. Mit Grischa hast du auch gesprochen ..."

Ich rührte mich nicht und versuchte einzuschlafen.

Ein paar Mal kam mein englischer Großvater ins Krankenhaus und setzte sich an mein Bett. Aber auch ihn wollte ich nicht dahaben.

Ich wollte einfach gar nichts mehr. Nur sterben. Das war mein einziger Wunsch. Ich konnte an nichts anderes denken.

Die Dunkelheit um mich herum wurde mit jedem Tag dunkler und kälter und bedrohlicher.

6

Wieder wurde ich untersucht. Stumm ließ ich es über mich ergehen.

„Wollen doch mal sehen, wie es deinem Kopf in der Zwischenzeit geht", sagte ein Arzt, dessen Stimme ich jetzt schon kannte. „Denn wenn alles so ist, wie ich vermute, dann spricht nichts mehr dagegen, dass du wieder aufstehst und herumläufst und dir dein Leben zurückholst."

Ich biss die Zähne zusammen. Warum musste dieser Arzt nur solche blödsinnigen Sachen sagen? Mein Leben war kaputt und zerstört und ich wollte überhaupt nicht herumlaufen und es mir *zurückholen*. Was für ein Leben würde das schon sein? Darüber wollte ich lieber gar nicht erst nachdenken. Blind durch die Gegend würde ich stolpern, immer angewiesen auf Hilfe. Lächerlich würde ich aussehen mit geschlossenen, leeren Augen, wie ein Schlafwandler, der sich in der Zeit geirrt hat. Nie mehr würde sich ein Junge für mich interessieren, höchstens Sebastian vielleicht, von dem meine Mutter in der letzten Zeit auffallend viel erzählte. Sebastian sah trotz einer erneuten Operation schon wieder weniger. Bald würde er vielleicht ganz blind sein – so wie ich. Zwei blinde behinderte Krüppel – wir würden gut zueinander passen!

Stocksteif und eisig vor Wut über mein Schicksal lag ich da und ließ mich von zwei Krankenpflegern aus meinem Bett, mit dem sie mich zur Untersuchung gefahren hatten, auf eine harte Liege heben.

„So, das hätten wir", sagte einer der Pfleger und seine Stimme klang jung und vergnügt und bestimmt sah er hübsch aus. Er roch auch gut; als er sich über mich gebeugt hatte, war mir das sofort aufgefallen, obwohl ich mich dagegen gewehrt hatte, den Duft seiner Haut überhaupt wahrzunehmen.

Sie schoben mich in eine Röhre, um einige Röntgenaufnahmen von meinem Kopf zu machen. So hatten sie es mir erklärt. Zum ersten Mal war ich wach bei dieser Untersuchung. Ich lag ganz still da und lauschte auf das leise Summen und Brummen des Röntgengerätes.

Danach brachten sie mich zurück in mein Zimmer.

„Bis zum nächsten Mal, Leonie", sagte der Pfleger mit der schönen Stimme und drückte leicht meinen Arm.

Ich erwiderte nichts, aber ich spürte noch lange hinterher die Stelle, an der seine warme, feste Hand mich berührt hatte. Und ich musste an Frederik denken. An Frederik, den ich nie wieder in meinem Leben sehen würde. Und der aufhören würde, an mich zu denken. Und der sich ganz sicher bald in ein anderes Mädchen verlieben würde. In ein anderes Mädchen, das kein blinder Krüppel war und

das er küssen würde und dessen Rücken er streicheln würde. So wie er es bei mir getan hatte.
Leonie mit den Waldmeisteraugen.
Diese Leonie mit den waldmeistergrünen Augen war gestorben. Nie wieder würde es sie geben ...
Sehr vorsichtig hob ich meine Hände und tastete zum ersten Mal nach den Pflastern auf meinen verletzten Augen. Es tat überhaupt nicht mehr weh, eigentlich fühlte es sich ganz normal an.
Ich bekam Herzklopfen. Vielleicht irrten sich die Ärzte ja und ich würde eines Tages doch wieder sehen können. Heutzutage hatte man so viele Möglichkeiten. Man konnte Herzen und Nieren verpflanzen und Babys im Reagenzglas zeugen, da sollte es doch möglich sein, auch meine zerstörten Augen wieder zu reparieren. Vielleicht konnte man die verletzte Hornhaut mit einem Laserstrahl zusammenfügen oder eine neue Hornhaut einsetzen? Vielleicht waren die Ärzte in diesem Krankenhaus einfach nicht fortschrittlich genug? Vielleicht würde man mir in Amerika helfen können?
In diesem Moment klopfte es an meine Tür.
„Ja ...?", flüsterte ich benommen.
Es waren meine Eltern.
„Wir sind es, Leonie", sagte mein Vater und ich hörte seine Schritte und die Schritte meiner Mutter eilig näher kommen. Wie merkwürdig, die beiden hatten ganz unterschiedliche Arten, aufzutreten und herumzulaufen. Der Schritt meines Vaters war schwer und ungleichmäßig, während meine Mutter leichtere Schritte machte, ihre Bewegungen hörten sich viel harmonischer an.
„Leonie, stell dir vor, du darfst jetzt wieder aufstehen", sagte meine Mutter und küsste meine Stirn, ehe ich mich wegdrehen konnte.

„Die Röntgenbilder waren prima", fügte mein Vater hinzu und drückte aufmunternd meine Hand.

„Könnte es sein, dass es doch noch irgendeine Möglichkeit gibt, dass ich irgendwann einmal wieder sehen kann?", fragte ich eilig, und es war das erste Mal seit Tagen, dass ich ein Wort sprach. Meine Stimme klang wieder ungelenk und rau, so wie bei dem Gespräch mit meinem kleinen Bruder.

Ich lag ganz still da und mit einem Mal gab ich mir alle Mühe, meine sämtlichen mir verbliebenen Sinne einzusetzen. Ich spürte förmlich, wie meine Eltern sich anschauten, roch die Nervosität meines Vaters und den Kummer meiner Mutter.

„Bitte sagt etwas", flüsterte ich schließlich.

„Nein, Leonie, deine Augen sind dafür einfach zu schwer verletzt", sagte meine Mutter so leise, dass es fast schon ein Flüstern war.

„Aber vielleicht in einer anderen Klinik?", bohrte ich weiter, meine Stimme schwankte.

„Nein, auch nicht in einer anderen Klinik", sagte mein Vater.

Ich schluckte, weil mein Hals plötzlich ganz trocken war.

Ich schluckte und schluckte und schluckte, und um mich herum begann sich alles zu drehen. Ich befand mich auf einmal in einem wahnsinnigen schwarzen Strudel. Mein Magen krampfte sich zusammen.

„Mama!", schrie ich, und meine Stimme überschlug sich.

„Leonie, um Himmels willen, was ist los?", rief meine Mutter erschrocken.

„Mama, ich stürze, ich falle, ich sterbe …"

Ich musste mich übergeben, überallhin, denn ich wusste überhaupt nicht mehr, wo was war. Ich hatte jede Orientierung verloren.

Dann wurde es um mich herum still und ich schwebte in eine angenehme Leere, die mir hell und freundlich und licht vorkam.

Fühlte sich so Sterben an?

Oder wurde ich wieder gesund?

Bedeutete das Licht, dass meine Augen jetzt doch heilten?

„Hallo, Leonie", sagte Frederik und kam in mein Zimmer. Er lächelte mir zu und ich lächelte zurück.

„Schön, dass du wieder zu Hause bist."

Ich nickte und lehnte meine Stirn gegen seine Stirn.

„Du ... du bist das hübscheste Mädchen, das ich kenne", sagte Frederik leise und fuhr mit der Spitze seines Zeigefingers vorsichtig und sanft über meine Augenbrauen. „Und so schöne Augen, waldmeistergrün, mittelmeergrün, moosgrün, tannenbaumgrün, mineralwasserflaschengrün ..."

„Mineralwasserflaschengrün?", wiederholte ich und lachte ein bisschen.

Frederik nickte. „Ja, mineralwasserflaschengrün. Einer der schönsten Grüntöne, die es überhaupt gibt. Durch und durch grün eben. Das musst du als Malerin doch am besten wissen ..." Frederik schaute für einen Augenblick zu meiner Staffelei hinüber. Dann küssten wir uns und beim Küssen ließ ich die Augen offen, weil es so schön war, Frederiks Gesicht ganz nah vor meinem zu sehen. Er selbst hatte seine Augen geschlossen und sah beim Küssen fast so jung und kindlich aus wie damals, als er sieben Jahre alt war und mir sein erstes Rennrad vorgeführt hatte.

Ich seufzte und kuschelte mich fest an ihn.

„Was meinst du, wollen wir vielleicht in den Park gehen und nachsehen, ob wir den Eiswagen irgendwo aufstöbern können?", schlug Frederik schließlich vor. „Ich hätte Lust auf ein Himbeereis mit Sahne."

Ich nickte. „Okay."

Und dann verließen wir das Haus und gingen Hand in Hand durch unseren Vorgarten. Auf der Gartenmauer, in der Sonne, lag Hobbes und schlief. Und Siemens blaues Mountainbike lehnte an der offen stehenden Garagentür. Und meine Mutter saß im Schneidersitz auf der Wiese und las ein Buch.

„Wir gehen ein Eis essen", rief ich ihr zu und winkte.

„Lasst mich raten – Himbeereis", rief meine Mutter zurück und winkte mit ihrem Taschenbuch.

Wir lachten, weil wir natürlich Himbeereis essen würden. Frederik und ich nahmen, wenn wir zusammen Eis essen gingen, immer Himbeereis. Wie es dazu gekommen war, wussten wir beide im Grunde selbst nicht mehr so genau, denn wenn ich mit anderen unterwegs war, aß ich auch alle anderen Eissorten, aber mit Frederik eben immer nur Himbeereis. Es war so etwas wie ein Ritual: drei Kugeln Himbeereis mit Sahne für jeden von uns.

„Los, rennen wir ein Stück!", schlug Frederik vor und lief schon los. Ich rannte ihm hinterher und genoss den hellen, sonnigen, bunten Tag.

„Ich bin glücklich, glücklich, glücklich ...", schoss es mir durch den Kopf, während ich versuchte, Frederik einzuholen. Das Leben war so schön. Und ich war mittendrin.

„Warte, Frederik ...", rief ich atemlos, und Frederik blieb stehen und drehte sich um und lachte mich an – und ich sah seine schönen, weit auseinander stehenden braunen Augen und seinen lachenden breiten Mund und seine sandfarbenen Haare, die sich hinter den Ohren immer ein bisschen lockten.

„Meine kleine lahme Schnecke", sagte Frederik und legte seine Hände um meine Hüften.

Wir lachten uns an, aber plötzlich wurde ich unruhig und nervös und kribbelig.

„Was hast du?", fragte Frederik verwundert.

„Ich weiß nicht", flüsterte ich und spürte, wie ich in Panik geriet. Ich betrachtete mir Frederiks angewachsene Ohrläppchen und den

kleinen, herzförmigen Leberfleck an seinem linken Unterarm und die winzige rosa Warze an seinem rechten Daumen.

„Was hast du denn auf einmal, Leonie?", fragte Frederik erneut.

„Ich weiß nicht ...", stammelte ich ebenfalls ein zweites Mal. Die angewachsenen Ohrläppchen, der kleine Leberfleck, die noch kleinere Warze, all das war mir so vertraut, aber ich wollte es dennoch immer wieder ansehen, nur um mich zu vergewissern, dass alles noch so war, wie es sein sollte, dass alles stimmte, dass ich nichts vergaß ...

In diesem Moment wachte ich auf. Mit einem Ruck richtete ich mich auf, um Frederik nicht aus den Augen zu verlieren. Wir waren doch im kleinen Park, wir wollten doch nach dem Eiswagen Ausschau halten und ein Eis kaufen.

„Frederik ...", flüsterte ich tonlos in die pechschwarze Finsternis um mich herum.

Wie entsetzlich das war! Eben noch hatte ich alles gesehen, Licht und Sonne und Bäume und die vertrauten Wege im Park und Frederik, so wirklich und wahrhaftig, dass ich ihn fast noch riechen konnte und das Gefühl hatte, er wäre gleich hier neben mir.

Aber da war niemand. Niemand außer mir. Aber nicht mal mich sah ich. Ich sah nichts, gar nichts. Nur schwarze, leere, finstere Dunkelheit.

Verzweifelt tastete ich mit meinen Händen in der Luft herum. Ich griff ins Leere. Ich begann, meine Arme wild herumzuschleudern und stieß schließlich mit dem linken Arm gegen einen Widerstand. Was war das? Vorsichtig streckte ich meine zitternden Finger aus. Das Telefon! Ganz deutlich spürte ich die quadratischen Tasten. Und auch den leicht gebogenen Hörer fand ich und die geringelte Schnur, die den Hörer mit dem kleinen Apparat verband.

Aber warum befand sich das Telefon jetzt an meiner linken Seite? Hatte es nicht bisher rechts von mir gestanden? Wo war denn überhaupt das Fenster und wo die Tür? Ich klammerte mich an meine Bettdecke und wagte nicht mehr, mich zu rühren. War überhaupt noch Tag, oder war schon wieder Nacht? Draußen war es still, nachtstill. Aber in mir drin fühlte es sich so an, als wäre es Tag.

„Mama ...", flüsterte ich verzweifelt, weil ich merkte, wie alles um mich zu schwanken begann. Mein Bett schien sich zu heben und zu senken und ich hatte das Gefühl, jeden Moment zu fallen.

Plötzlich hörte ich jemanden schreien.

Es dauerte eine Weile, bis ich begriff, dass ich das war.

Ich schrie.

Vor Angst und Verzweiflung und Wut und Hass. Sollten doch alle denken, ich wäre durchgedreht. Wahrscheinlich war ich das ja auch.

Blind und verrückt und durchgedreht und alleine und im Dunkeln.

7

Ich sollte aufstehen, aber ich konnte nicht. Ich lag einfach da und starrte in die Dunkelheit um mich herum. Ich hörte meine Mutter, die mit mir sprach, und meinen Vater. Auch Siemens und Grischas Stimmen plätscherten an meinem Ohr vorüber und einmal hörte ich vage Janne und ein anderes Mal Katie.

„Es tut mir alles so leid", sagte Katie, und ich spürte, wie sie nach meiner Hand griff. Ich zog meine Hand weg.

„Jede Nacht habe ich Albträume von diesem schrecklichen Unfall", fuhr Katie fort und ihre Stimme klang unglücklich. „Wäre ich doch bloß nicht gefahren! Bloß nicht gefahren! Und dann dieser schreckliche Regen! Nie mehr werde ich bei Regen fahren. Leonie, ich hasse jeden einzelnen Regentropfen ..."

Ich lag ganz still da und rührte mich nicht.

„Schläft sie?", flüsterte Katie in eine andere Richtung.

„Nein, sie schläft nicht", antwortete im nächsten Moment die Stimme meines Vaters. Ich runzelte die Stirn. Wie konnte er wissen, ob ich wach war oder nicht? Wie konnte er sich sicher sein?

„Sind Sie sicher?", flüsterte Katie zweifelnd. „Es sieht so aus, als würde sie schlafen ..."

Plötzlich fand ich den Gedanken, dass mich alle ansehen konnten, und das auch taten, unerträglich. Ganz langsam zog ich meine Arme unter der Bettdecke hervor und legte meine Hände mit gespreizten Fingern schützend vor mein Gesicht.

„Leonie!", rief Katie sofort. „Du bist ja doch wach! Leonie, es tut mir so leid ..."

Jetzt fing sie an zu weinen. „Dass dir das passiert ist, Leonie ..."

Ich roch, dass sie einen ihrer amerikanischen Kaugummis im Mund hatte, aber ich hörte sie nicht kauen. Ich roch auch, dass sie ihre Sommersprossen wieder unter einer dicken Schicht ihres rosa Puders versteckt hatte.

Und ich hatte das Gefühl, sie haarscharf vor mir sitzen sehen zu können, wenn ich die Augen öffnen würde. Aber ich tat es nicht. Ich ließ meine zugepflasterten Augen geschlossen und meine Hände vor meinem Gesicht. So war die Dunkelheit irgendwie besser zu ertragen. Ich sah keinen und keiner sah mich.

Irgendwann schlief ich ein.

In den nächsten Tagen geschahen eine Menge Dinge. Es begann damit, dass sie mich eines Morgens aus dem Bett hoben, zwei Schwestern, deren Stimmen ich noch nicht kannte und die sich auch nicht vorgestellt hatten. Die eine Stimme klang schon älter, die andere dagegen sehr jung und unsicher.

„So, heute stehen wir mal für einen winzigen Augenblick auf", sagte die ältere Stimme, und gleich darauf schlugen ein paar Hände meine Bettdecke zurück und zogen mich hoch.

„Nein ...", flüsterte ich erschrocken und spürte, wie mir schwindelig wurde.

„Nur ein winziges Momentchen", sagte die ältere Krankenschwester und packte meine Oberarme. Die andere Schwester stützte mich von hinten. Ich schwankte, weil meine Beine ganz eigenartig weich und wackelig waren.

„So, das geht ja schon ganz wunderbar", meinte die ältere Stimme, packte mich, weil ich kippte, an den Schultern und beförderte mich im nächsten Moment in einen merkwürdigen Sitz hinein. Ich klapperte mit den Zähnen vor Elend und Angst und Erschöpfung und war von einem Moment auf den anderen todmüde, dabei war ich doch gerade erst aufgewacht. Es musste früher Morgen sein. Oder irrte ich mich? Sicher war ich mir nicht.

„Wie spät ist es?", flüsterte ich und legte meine bebenden Arme auf die Lehne des Stuhles, auf dem ich saß. Dabei stießen meine Arme gegen zwei Erhöhungen, die direkt neben den Armlehnen angebracht waren. Zögernd tastete ich danach. Und diesmal begriff ich sehr schnell: Ich saß in einem Rollstuhl! Verzweifelt zog ich meine tastenden Finger zurück und machte mich so klein wie nur möglich.

„Es ist sieben Uhr dreißig, Liebes", sagte die ältere Stimme freundlich. „Gleich gibt es Frühstück. Aber erst mal wollen wir uns waschen, nicht wahr?"

Und dann schob sie mich von meinem Bett weg in eine unbekannte Richtung.

„So, da wären wir."

Plötzlich plätscherte das Wasser, und gleich darauf drückte mir jemand einen nassen Waschlappen in die Hand.

„Ich will nicht", flüsterte ich mit zusammengebissenen Zähnen. Der Gedanke, mein unsichtbares Gesicht zu waschen, war unerträglich.

„Aber, aber", sagte die ältere Stimme, und ich fühlte, wie sie mit ihren Händen meine Hände nahm und sie zu meinem Gesicht hinzwang.

„An einem bisschen kalten Wasser ist noch niemand gestorben", sagte sie streng, und ich roch plötzlich, dass sie ganz leicht nach Lavendel duftete wie meine Mutter.

„So, und hier ist deine Zahnbürste", sagte die Schwester gleich darauf und drückte mir eine Zahnbürste in die Hand. Bisher hatten sie mir im Bett die Zähne geputzt. Es war lange her, dass ich mir selbst die Zähne geputzt hatte. Es war an dem Morgen nach der kalten Nacht im Garten gewesen, in der ich Hand in Hand mit Frederik unter unserer Birke geschlafen hatte. Merkwürdig, wie genau ich mich auf einmal daran erinnern konnte: Ich war nach oben gerannt und in mein eigenes kleines Badezimmer gegangen, das hinter meinem Zimmer liegt und so winzig ist, dass man gerade darin an dem kleinen lila Waschbecken stehen kann. Ich hatte mein Gesicht gewaschen, meine zerzausten Haare gebürstet und mir die Zähne geputzt. Dabei hatte ich mich im Spiegel angesehen und an meinen ersten Kuss mit Frederik gedacht.

Wie lange das her war, eine Ewigkeit. Und nichts war

mehr so, wie es sein sollte. Diese Leonie gab es nicht mehr ...

Ob hier auch ein Spiegel am Waschbecken hing, in dem die normalen Menschen sich sehen konnten, während sie sich wuschen und ihre Zähne putzten?

Sicherlich war es so. Benommen und verzweifelt saß ich da und rührte mich nicht.

„Es ist schon Zahnpasta darauf, du kannst anfangen", sagte in diesem Moment die andere Schwester. Ihre Stimme klang kaum älter als Jannes Stimme.

„Ich heiße Mette und bin Schwesternschülerin", fuhr die junge Stimme fort. „Die nächsten drei Wochen werde ich hier auf der Station sein."

Ich schwieg und saß da, die Zahnbürste in der Hand, und konnte nichts tun. Zu deutlich sah ich mich immer noch an meinem kleinen lila Waschbecken stehen, mit meinem Spiegelbild als Gegenüber. Dieses Bild war so gestochen scharf, dass ich das Gefühl hatte, hier nur in einem Traum gefangen zu sein, unwirklich und sinnlos und grotesk.

„Meine Mutter ist auch blind", sagte Mette plötzlich.

Ich zuckte zusammen. Ich wollte dieses schreckliche Wort nicht hören. *Blind. Blind. Blind.*

„Sie ist allerdings schon blind zur Welt gekommen und kennt es nicht anders", erklärte Mette, und dann fühlte ich ihre vorsichtigen, warmen Finger, die meine rechte Hand umfassten und die Zahnbürste langsam zu meinem Mund führten.

„Geht es so?", fragte Mette.

Ich nickte schwach.

„Meine Mutter heißt Paula und sie ist meistens sehr fröhlich und lustig."

Ich schwieg und spuckte unsichtbaren Zahnpastaschaum

in das unsichtbare Waschbecken. Einen Moment lang hielt ich entsetzt inne, dieses Zahnpastaausspucken hatte ich ganz automatisch und spontan gemacht, so wie früher an meinem lila Waschbecken. Hatte ich das Becken getroffen? Oder hatte ich am Ende daneben gespuckt?

„Prima", sagte Mette glücklicherweise und wieder hörte ich Wasser plätschern. Ängstlich klammerte ich mich an den Beckenrand. Mette reichte mir einen Becher mit Wasser zum Mundausspülen, dann sagte sie: „Du kannst auch wieder alleine zur Toilette, Leonie. Möchtest du?"

Ich dachte an die vielen Male, in denen man mir die Bettpfanne ins Bett geschoben hatte. Das war mir, nachdem ich nicht mehr immerzu schlief und döste und vor mich hin dämmerte, sehr unangenehm gewesen.

Zögernd nickte ich und spürte gleich darauf, wie Mette den Rollstuhl, in dem ich immer noch saß, anschob und eine kleine Drehung mit ihm vollführte.

„So, hier kannst du aufstehen. Warte, ich helfe dir ..."

Millimeter für Millimeter schob ich mich vorwärts. Ich tastete in die schwarze Dunkelheit und wieder begann sich alles zu drehen.

„Hilfe, ich kann das nicht, bitte ...", hörte ich mich flüstern.

„Nein, im Gegenteil, das geht doch sehr gut", sagte Mette beruhigend, und dann saß ich plötzlich auf der Toilette.

Anschließend fuhr Mette mich wieder zurück zu meinem Bett. Ich war so erschöpft, dass ich fast auf der Stelle einschlief.

Von da an ließen sie mich nicht mehr in Ruhe. Immerzu sollte ich aufstehen, aber weil ich noch so schwach war, durfte ich wenigstens im Rollstuhl sitzen. Ich sollte auch alleine essen, und als ich ein paar Tage später zum ersten

Mal seit dem Unfall wieder meine Periode hatte, drückte mir Schwester Anja einfach eine Monatsbinde in die Hand.

„Im Badezimmer liegen ein frisches Nachthemd und frische Wäsche, geh dich nur umziehen", sagte sie. „Ich werde solange dein Bett neu beziehen."

Verzweifelt saß ich in meinem Bett und wusste nicht, was ich tun sollte.

„Ich kann nicht", flüsterte ich schließlich.

„Natürlich kannst du", sagte Schwester Anja. „Komm, ich helfe dir aus dem Bett."

Mit geübtem Griff zog sie mich hoch.

„Nein, bitte ...", sagte ich nervös.

„Da lang geht es ins Bad, Leonie", unterbrach mich die Schwester und schob mich vorwärts. „Es sind doch nur drei Schrittchen. So, hier liegen schon deine Sachen."

Ich spürte, wie sie meine Hände auf ein paar Anziehsachen legte.

„Ich weiß aber nicht, was davon was ist", murmelte ich unglücklich.

„Na, dann fühl doch mal", sagte Schwester Anja.

Widerwillig kam ich dieser Aufforderung nach, und es dauerte nicht lange, da hatte ich meine alten Sachen ausgezogen und war in die frischen geschlüpft. Vorsichtig tastete ich nach der Monatsbinde und zog den schmalen Klebestreifen ab. Ich klebte die Binde in meine Unterhose, und weil Schwester Anja schon aus dem Bad gegangen war, tastete ich mich alleine zurück zu meinem Bett. Ich hatte Herzklopfen und wieder war mir schwindelig, aber ich versuchte es trotzdem. Ich streckte meine Arme weit aus und ging mit winzigen Schritten in mein Zimmer zurück. Nach ein paar von diesen kleinen, vorsichtigen Schritten blieb ich nervös stehen.

„Warum bist du stehen geblieben, Leonie?", fragte Schwester Anja, die plötzlich wieder neben mir war.

„Ich weiß nicht", murmelte ich. „Ich habe das Gefühl, da ist etwas ..." Ich streckte meine Hände aus und sie stießen gegen einen metallenen, klirrenden Gegenstand.

„Der Medikamentenwagen", sagte Schwester Anja. „Prima, Leonie, du hast da etwas wirklich Wichtiges geschafft. Du hast *gespürt*, dass dir etwas im Weg war. Das heißt, dass deine anderen Sinne angefangen haben, die Arbeit zu übernehmen, die bisher immer deine Augen geleistet haben."

Ich schwieg und Schwester Anja brachte mich ins Bett zurück. Ich hörte, wie sie den klirrenden Medikamentenwagen dazu zur Seite schob.

„Es ist wie bei den Fledermäusen", fuhr Schwester Anja fort. „Ich bin in einem kleinen, verschlafenen Dorf im Schwarzwald aufgewachsen und dort gab es eine Menge Fledermäuse. Sie sind alle blind und sie orientieren sich mit Schallwellen. Das bedeutet, sie spüren die Dinge, die um sie herum sind und sie können trotz ihrer Blindheit blitzschnell fliegen und stoßen nirgends an."

Ich sagte noch immer nichts, aber es war schön, dass Schwester Anja da war und mir etwas erzählte. Es war merkwürdig: Die Menschen, die ich erst nach meinem Unfall kennengelernt hatte, ertrug ich viel besser als diejenigen, die ich schon vorher gekannt hatte.

Vielleicht lag es daran, dass ich bei ihnen nicht so viel vermisste wie bei den Menschen, deren Gesichter ich so deutlich in Erinnerung hatte.

Denn als eine Stunde später meine Eltern kamen, lag ich da wie immer. Still und stumm und mit den Händen vor dem Gesicht.

Sie sollten mich nicht sehen.

8

Ich sollte essen. Bisher hatte mich, nachdem ich keine Infusionen mehr bekam, immer eine der Krankenschwestern gefüttert. Oder sie hatten mir ein Trinkjoghurt in einem Becher in die Hand gedrückt oder manchmal einen Apfel oder ein zusammengeklapptes Brot. Aber diesmal war es anders.

„Setz dich auf, Leonie, es gibt Mittagessen", sagte Schwester Conny, die seit ein paar Tagen auf dieser Station arbeitete.

Zögernd richtete ich mich auf.

„Nein, nicht im Bett. Komm an den Tisch", meinte die Schwester, und ich hörte, wie sie das Tablett auf dem kleinen Tisch vor dem Fenster abstellte.

„Ich möchte aber lieber im Bett essen", widersprach ich leise.

„Im Bett hast du lange genug deine Zeit verbracht", sagte Schwester Conny und klapperte mit Besteck. „Nun komm schon, Leonie."

Widerwillig erhob ich mich und schob mich vorsichtig aus dem Bett. Ich tastete mich an den kleinen Tisch und suchte stumm und verbissen nach einem Stuhl. Zum Glück fand ich ihn schnell, meine Beine zitterten und in meinem Kopf drehte sich alles. Hastig setzte ich mich hin.

„Na, das ging doch schon ganz prima", sagte die Schwester und streichelte meinen Arm. Es tat gut, aber ich zog meinen Arm trotzdem weg. Es war schrecklich, berührt zu werden und es niemals vorhersehen zu können.

„So, vor dir steht jetzt dein Teller und dahinter ein Glas mit Saft. Es ist Orangensaft."

Ich saß stumm da und rührte mich nicht.

„Hier ist deine Gabel, Leonie." Die Schwester drückte

mir die Gabel in die schlaffe Hand. „Ein Messer brauchst du vorerst noch nicht. Ich habe dein Fleisch schon klein geschnitten. Es ist ein Wiener Schnitzel und liegt gleich vor dir auf dem Teller. Links daneben findest du die Kartoffeln, ich habe sie zerdrückt. Und auf der anderen Seite sind gedünstete Mohrrüben."

Sie führte meine Hand zum Teller. „Guten Appetit, Leonie."

Ich hatte den Kopf gesenkt. Ich wusste, dass meine Augen jetzt auf die Hand mit der Gabel gerichtet waren. Millionenmal hatte ich sie früher so gesehen. Meine rechte Hand mit meinem schmalen silbernen Ring am Ringfinger, den ich im vergangenen Jahr zur Konfirmation bekommen hatte, und meine kurzen, hellen Fingernägel. Ich hatte meine Hände plötzlich so deutlich vor Augen, dass es mir einmal mehr völlig unvorstellbar erschien, tatsächlich blind zu sein.

Verzweifelt ließ ich die Gabel los und sie fiel klirrend zu Boden. Ich hob meine Hände hoch, direkt vor mein Gesicht, vor meine Augen. Ich starrte wild und angestrengt und fast verrückt vor Verzweiflung in die schwarze Dunkelheit, die mich immerzu umgab, an die es aber kein Gewöhnen gab.

„Leonie, hier ist deine Gabel", sagte Schwester Conny in diesem Moment. Wieder hatte ich die unsichtbare Gabel in meiner unsichtbaren Hand.

„Ich will nicht, ich kann nicht, ich habe keinen Hunger", flüsterte ich, und dann fing ich an zu weinen. Mein erster Impuls war, in mein sicheres Bett zu flüchten und mir die Bettdecke über den Kopf zu ziehen, aber nicht einmal das konnte ich tun. In meiner Aufregung hatte ich schon wieder die Orientierung verloren. Wo war mein Bett? Hinter mir? Oder neben mir? Und auf welcher Seite?

Ich sprang auf und schlug mir mit den Händen auf den kaputten Kopf und in mein kaputtgegangenes Gesicht.

„Leonie!", hörte ich die erschrockene Stimme der Krankenschwester. Vage fühlte ich, wie sie mich umschlang und dabei versuchte, meine Arme festzuhalten. Sie führte mich zu meinem Bett.

„Ich weiß, es ist schwer", sagte sie leise.

Aber das war ja Unsinn. Sie wusste doch überhaupt nichts. Niemand wusste, wie es mir ging. Ich war ganz alleine in dieser furchtbaren Dunkelheit.

Am Nachmittag kamen meine Eltern. Ich lag in meinem Bett und hatte meine Hände schützend vor meinem Gesicht.

„Wir haben dir ein paar von deinen Lieblings-CDs mitgebracht", sagte meine Mutter. Das vertraute Klappern der Plastikhüllen ertönte, als sie sie auf meinen Nachttisch legte. „Und Papa hat einen kleinen tragbaren CD-Spieler gekauft."

Mein Vater zog hörbar einen Stuhl neben mein Bett und stellte etwas darauf. Es roch nach fabrikneuem Kunststoff.

Ich rührte mich nicht.

Dann erklärten sie mir, wie man die Minianlage bediente.

„Es ist ganz leicht, Leonie", sagte meine Mutter vorsichtig, und ich fühlte, wie sie nach meiner Hand griff. „Pass auf, um die Klappe zu öffnen, musst du nur –"

„Ich brauche keine Musik", unterbrach ich sie und meine Stimme klang feindselig. Ich entzog ihr meine kalte Hand und legte sie wieder vor mein Gesicht.

„Aber, Leonie ..."

„Ich will nur tot sein", fuhr ich bitterböse fort. „Bitte geht jetzt nach Hause."

Aber natürlich gingen sie nicht nach Hause. Stattdessen blieben sie bei mir und legten eine CD ein und erzählten von Grischas Fußballerfolgen und von Siemens Versöhnung mit Tamara und von Katie und Hobbes und von Frederik, der immer noch jeden Tag anrief, und von Sebastian, der jetzt eine Therapie machte und dem es schon ein bisschen besser ging. Ich hörte nicht zu. Ich lag einfach da und versuchte, an nichts zu denken, an gar nichts.

Nur als meine Mutter von Sebastian sprach, horchte ich kurz auf. Ich erinnerte mich an seinen Selbstmordversuch und daran, wie wir verständnislos herumgerätselt hatten, warum er das wohl getan hatte und worüber er so unglücklich gewesen war. Wie dumm und grenzenlos naiv wir doch gewesen waren! Schließlich hatten wir doch alle gewusst, wie es um Sebastians Augenlicht stand. Aber keiner von uns hatte diese Sache so ernst genommen, dass wir einen Grund darin gesehen hätten, sich deshalb das Leben zu nehmen.

Jetzt verstand ich Sebastians Verzweiflung. Auch er würde wahrscheinlich bald ganz und gar blind sein. Seine Augen waren so kaputt wie meine. Nur dass meine Augen auf einen Schlag kaputtgegangen waren, während Sebastians Augen nach und nach kaputtgingen.

Irgendwann verabschiedeten sich meine Eltern.

„Siemen kommt später auch noch mal vorbei", sagte meine Mutter, ehe sie ging. Ich schwieg zu dieser Ankündigung.

Und als Siemen dann kam, schwieg ich immer noch.

„Mensch, Leonie, das Leben geht weiter, vergiss das nicht", sagte Siemen.

Ich schwieg.

„Natürlich ist das alles schlimm, aber du hättest auch tot sein können. Hast du darüber mal nachgedacht?"

Ich schwieg, aber innerlich brüllte ich: „Tausendmal habe ich darüber nachgedacht und tausendmal bin ich zu dem Ergebnis gekommen, dass es das Beste gewesen wäre!"

Irgendwann verabschiedete sich auch mein großer Bruder. Und ich hatte immer noch meine Hände vor meinem Gesicht.

Am darauffolgenden Tag wurde ich in ein anderes Zimmer verlegt.

„Bitte, ich möchte in kein anderes Zimmer", sagte ich leise.

Aber es nützte nichts. Und es wurde ein schlimmer Tag. Sie schoben mein Bett einfach über lange Flure, und ich spürte schon während sie mich durch die Zimmertür schoben, dass der neue Raum viel größer war als das Zimmer, in dem ich bisher gelegen hatte. Und ich spürte auch, dass ich hier nicht alleine war.

„Hallo, Estella, jetzt ist Schluss mit der Einsamkeit", sagte Schwester Anja. „Leonie, in diesem Zimmer steht außer deinem noch ein zweites Bett. Es ist gleich hier vorne an der Tür. Du wirst am Fenster liegen."

Ich fühlte, wie sie mein Bett drehte und dann abstoppte. Es stieß leicht mit dem Kopfteil gegen die Wand.

„Deine Zimmernachbarin heißt Estella. Sie ist erst gestern operiert worden und noch ein bisschen schlapp, nicht wahr, Estella?"

„Es geht schon wieder", antwortete Estella und ihre Stimme klang nett. „Hallo, Leonie."

„Hallo ...", murmelte ich und legte schnell meine Hände vor mein blindes Gesicht. Danach drehte ich mich in die entgegengesetzte Richtung, wo ich das Fenster vermutete.

„Mittagessen!", rief eine Stimme, als es Mittagszeit war. Es war wieder die Stimme von Schwester Conny. „Estella, du musst leider im Bett essen und es gibt heute auch nur eine kleine Diätmahlzeit für dich, aber keine Sorge, ab morgen kannst du wieder ganz normal essen."

„Okay", sagte Estella, und ich hörte, wie sie sich in ihrem Bett vorsichtig aufrichtete. „Aua", murmelte sie einmal.

„Leonie, du kannst aber aufstehen! Komm, ich bringe dich zum Tisch."

„Nein, ich möchte nicht", sagte ich und drehte mich nicht um.

„Es gibt Lasagne", sagte die Krankenschwester.

Aber ich rührte mich nicht.

„Ich stelle dir dein Tablett auf den Tisch. Wenn du es dir noch überlegst, kannst du ja klingeln. Hier ist der Knopf."

Sie führte meine Hand an eine Schnur, die über meinem Bett zu baumeln schien. Ich zog die Hand zurück.

„Oder du versuchst es alleine. Wenn du aus deinem Bett aufstehst, brauchst du nur geradeaus zum Tisch zu gehen. Er steht direkt am Fenster, du fühlst die Wärme und das Licht. Estella kann dich aber auch hinlotsen, wenn du sie darum bittest, nicht wahr, Estella?"

„Natürlich", sagte Estella.

Dann waren wir beide alleine.

„Mir haben sie Haferschleim gebracht", sagte meine Bettnachbarin seufzend.

Ich schwieg und mein Essen rührte ich nicht an. Ich lag einfach nur da und versuchte zu vergessen, wer ich war und was mir passiert war, starrte ins Schwarze und hasste die ganze Welt.

Am Nachmittag kam zum ersten Mal kein Besuch für mich. Weder meine Eltern noch meine Brüder tauchten auf. Auch mein Telefon klingelte nicht.

Dafür hatte Estella Besuch. Ihre Mutter war da und ich roch ihr Parfüm. Es war das gleiche Parfüm, dass Janne benutzte. Das verwirrte mich ein bisschen. Ich hatte dauernd das Gefühl, dass Janne in der Nähe sein müsste.

„Hallo, Leonie", sagte Estellas Mutter und ging auf mein Bett zu. Ich drehte mich nicht weg, aber ich presste meine Hände noch eine Spur fester vor mein Gesicht. Estellas Mutter sollte mich nicht anschauen können.

„Ich habe von deinem Unfall gehört", fuhr Estellas Mutter fort – sie hatte eine ganz ähnliche Stimme wie ihre Tochter. „Es tut mir so leid, was dir passiert ist."

Ich hörte, wie sie wieder zurück zu Estellas Bett ging, und atmete auf. Ich machte mich so klein wie nur möglich und gab mir Mühe, auch so leise ich konnte zu atmen.

Warum kamen meine Eltern nicht? Und warum riefen sie nicht einmal an? Wie spät es wohl war?

Ich wusste, ich hatte eine Uhr auf meinem Nachttisch stehen, die Papa mir in der vergangenen Woche geschenkt hatte. Sie hatte oben im Rahmen einen kleinen Knopf, und wenn man den drückte, dann sagte einem eine helle Computerstimme die Uhrzeit an. Grischa, der dabei gewesen war, als mein Vater die Uhr mitgebracht hatte, hatte sie an jenem Nachmittag immer wieder vorgeführt.

Zögernd lag ich da. Bisher hatte ich selbst die Uhr noch nicht angerührt. Aber nachdem Estellas Mutter sich endlich verabschiedet hatte und die Zimmertür hinter ihr ins Schloss gefallen war, hielt ich es nicht mehr aus. Vorsichtig streckte ich meine Hand aus und tastete nach meinem Nachttisch. Ich fand ihn auf Anhieb. Unsicher wanderten meine bebenden Finger über die Sachen, die dort lagen und standen. Da waren die CDs und da stand ein Glas mit Mineralwasser. Auch eine Schachtel mit Kleenextüchern lag dort, und dann endlich fanden meine Finger den neuen

Wecker. Erleichtert griff ich zu. Plötzlich stieß ich gegen einen Gegenstand! Ich zuckte zusammen. Ich hörte etwas zu Boden fallen, das Klirren von Glas und das leise Plätschern von Wasser.

„Das waren deine Blumen", sagte Estella vom Nachbarbett aus. „Mach dir nichts draus, sie standen direkt am Rand, das hätte jedem passieren können."

In meinem Kopf dröhnte es. Was für Blumen? Ich hatte nicht einmal von ihrer Existenz gewusst. Und warum hatte ich bloß auf meinem Nachttisch herumgekramt! Jetzt hatte ich mich vor Estella lächerlich gemacht. Wie das wohl ausgesehen hatte, wie ich täppisch und hilflos mit vorgestreckten Händen auf meinem Nachttisch herumgetastet hatte?

„Dein Bett hat auch eine Ladung Wasser abbekommen, Leonie", sagte Estellas Stimme in diesem Moment. „Soll ich nach einer Schwester klingeln?"

„Nein", fauchte ich.

Für einen Augenblick war es ganz still.

„Warum bist du eigentlich immer so wütend?", fragte Estella dann. „Ich meine, bist du einfach nur so wütend, oder bist du vielleicht wütend auf mich?"

Ich schwieg.

„Sag doch was, Leonie", bat Estella.

„Lass mich einfach in Ruhe!", sagte ich eisig.

„Weißt du, warum sie mich operiert haben?", fragte Estella leise.

Ich schwieg und spürte, wie sich die Nässe in meinem Bett kalt und klamm und unangenehm ausbreitete.

„Ich habe bloß eine Niere, schon von Geburt an", erklärte Estella dennoch. „Und diese Niere ist jetzt auch nicht mehr in Ordnung. Sie arbeitet kaum mehr, und irgendwann muss ich zur Blutwäsche gehen, mehrmals in der Woche und immer für ein paar Stunden, aber alt wird man so nicht, und darum brauche ich wohl bald eine Nierentransplantation."

Ich hörte ihr zu, aber ich konnte trotzdem nichts antworten. Dann drehte ich mich ein kleines bisschen um und versuchte, in Estellas Richtung zu lächeln. Ich hatte allerdings keine Ahnung, ob sie es gesehen hatte.

Wieder war es ganz still.

Ich lauschte in mich hinein.

Ich hatte schrecklichen Hunger, und ich fror in meinem blumenwasserdurchnässten Bett und ich begriff nicht, warum meine Eltern nicht gekommen waren, und ich fühlte mich einsam und vergessen und vor Estella bloßgestellt. Unglücklich kroch ich tief unter meine feuchte Bettdecke. Immer noch umklammerte ich meinen Wecker. Verborgen, wie ich jetzt war, fühlte ich mich etwas sicherer. Ich presste den Wecker gegen mein Ohr und drückte mit dem Zeigefinger vorsichtig auf den runden, vorstehenden Knopf daran.

„Es ist jetzt siebzehn Uhr vierundvierzig", sagte die helle Computerstimme sanft.

So spät schon? Und keiner war gekommen, um mich zu besuchen?

Benommen lag ich da. In diesem Moment klopfte es an die Tür.

„Herein", rief Estella.

„Guten Abend, ihr beiden", sagte die Stimme von Mette. „Leonie, ich soll dich abholen. Du hast noch einen Termin."

Ich hörte, wie sie näher kam, und gleich darauf quietschten die Reifen meines Rollstuhles, der immer noch mein ständiger Begleiter war, wenn ich zu Untersuchungen gebracht wurde.

In diesem Moment entdeckte Mette die heruntergefallenen Blumen und die zerschlagene Vase und die Wasserpfütze.

„Warum hast du nicht geklingelt?", fragte sie.

Ich schwieg.

„Na ja, macht nichts", sagte Mette schnell. „Komm, ich fahre dich erst mal zu Doktor Haselmayer. Und anschließend mache ich hier sauber."

„Wer ist Doktor Haselmayer?", fragte ich sehr leise und sehr misstrauisch, während Mette mir in den Rollstuhl half.

„Er ist einer der Klinikpsychologen", sagte Mette.

Ich runzelte die Stirn und dachte an meinen Vater. „Ich brauche keinen Psychologen", murmelte ich düster. „Ich möchte da nicht hingehen."

Mette fuhr mich trotzdem hin. Ich saß starr in meinem Rollstuhl und fühlte mich krank und verkrüppelt und lächerlich.

9

„Guten Abend, Leonie", begrüßte mich eine Stimme, die ein gutes Stück von mir entfernt zu sein schien.

Ich sagte nichts und verkrampfte verbissen meine kalten Hände in meinem Schoß. Am liebsten hätte ich wieder mein Gesicht versteckt, aber aus irgendeinem Grund traute ich mich nicht. Schwere Schritte kamen auf mich zu.

„Ich würde dir gerne die Hand geben", sagte Doktor Haselmayer.

Schweigend hielt ich ihm meine Hand entgegen und der Arzt drückte sie kurz.

„Ich wollte eigentlich schon heute Mittag bei dir vorbeikommen, aber ich hatte eine Menge um die Ohren, und darum ist es jetzt ziemlich spät geworden."

Ich sagte immer noch nichts.

„Hast du schon Abendbrot gegessen?", fragte Doktor Haselmayer.

Ich schüttelte den Kopf und überlegte plötzlich, wie alt dieser Arzt wohl sein mochte. Seine Stimme klang noch relativ jung, und sie klang auch nett und so, als würde sie zu jemandem gehören, der gut aussah. So wie Siemen vielleicht.

„Ich habe auch noch nichts gegessen und einen Riesenhunger", sagte Doktor Haselmayer. „Wie ist es, wollen wir uns etwas bringen lassen?"

Ich schüttelte schnell den Kopf, obwohl mein Magen in der Zwischenzeit so knurrte, dass ich befürchtete, der Arzt würde es hören.

„Ich habe schon gehört, dass du nicht mehr essen möchtest, seit du wieder aufstehen kannst und alleine essen sollst. Ich glaube, ich kann dich ganz gut verstehen. Es ist bestimmt nicht leicht, zu essen, ohne das Essen sehen zu können. Und dazu kommt, dass du es natürlich auch erst üben musst und dich das Überwindung kostet."

Ich schwieg.

„Wie wäre es, wenn wir es trotzdem probieren?"

Ich schwieg weiter und stellte mir vor, wie ich mich vor den aufmerksamen Augen dieses Arztes mit meinem unsichtbaren Abendessen herummühen würde, und in mir zog sich alles zusammen vor Elend und Widerwillen.

„Pass auf, wir testen das jetzt einfach mal zusammen", sagte Doktor Haselmayer in diesem Moment. Ich hörte, wie er durch den Raum ging, einen Telefonhörer hochhob und zwei Portionen Abendbrot für uns bestellte. Gleich darauf klopfte es kurz, und ich spürte einen Luftzug, als die Tür hinter mir aufging. Geschirr und Besteck klapperten, dann wurde die Tür wieder geschlossen.

„Komm, setzen wir uns an den Tisch", meinte Doktor Haselmayer. „Ich helfe dir jetzt aus dem Rollstuhl, und dann lege ich meine Hand auf deine Schulter und führe dich. Ist dir das recht?"

Ich nickte schwach. Der Duft von Pommes frites wehte mir entgegen.

„Es gibt Hähnchenschenkel mit Fritten", sagte der Arzt zufrieden. „Und einen kleinen, etwas armseligen Salat dazu."

Unsicher ging ich durch den unsichtbaren Raum.

„Hier ist ein Stuhl", sagte Doktor Haselmayer und ich setzte mich vorsichtig. Genau wie Schwester Conny es getan hatte, drückte der Arzt mir eine Gabel in die Hand und erklärte, wo ich was auf meinem Teller finden würde. Unschlüssig saß ich da. Einerseits war ich sehr hungrig, aber andererseits fühlte sich meine Kehle wie zugeschnürt an.

„Meine Eltern haben mich heute gar nicht besucht", murmelte ich plötzlich, dabei hatte ich das gar nicht sagen wollen.

„Ich weiß", antwortete Doktor Haselmayer rätselhafterweise.

Ich hob den Kopf und wieder war es grauenvoll, dass es, egal wohin ich zu schauen versuchte, immer, immer, immer schwarz vor meinen Augen blieb.

„Sie waren heute Vormittag bei mir, weißt du", sagte Doktor Haselmayer. „Sie machen sich Sorgen um dich. Nicht weil du blind bist, sondern weil du so entsetzlich unglücklich bist und weil du nicht mehr mit ihnen sprichst."

Ich schluckte.

„Sie haben gesagt, dass es ihnen so vorkommt, als würden ihre Besuche dich noch unglücklicher machen."

Ich lehnte mich zitternd zurück, als ich das hörte.

„Ich kann den Gedanken nicht ertragen, dass ich sie nie wieder sehen werde", sagte ich schließlich leise. „Und ich fühle mich lächerlich – wie ein Krüppel. Und sie sollen mich nicht so sehen. So hilflos wie ein Baby. Und ich hasse den Gedanken, dass mich alle anschauen können, einfach wie sie wollen. Überhaupt hasse ich den Gedanken, dass alle anderen sehen können, alle, außer mir ..."

Meine Stimme schwankte, während ich so viel auf einmal redete wie schon eine halbe Ewigkeit nicht mehr.

Plötzlich weinte ich. „Ich weiß ja nicht einmal, was ich heute anhabe, ich habe jede Kontrolle über mich und mein Leben verloren. Ich bin gar nichts mehr ..."

Eine Weile weinte ich einfach weiter und Doktor Haselmayer tat nichts, außer still neben mir zu sitzen.

„Hier ist ein Taschentuch", sagte er schließlich und schob es in meine Hand.

„Danke", murmelte ich und putzte mir die Nase.

„Ich kann dir beschreiben, was du heute anhast", schlug der Arzt dann vor. „Möchtest du das?"

Ich nickte.

„Also, du trägst eine schwarze Jogginghose und ein enges graues T-Shirt. Außerdem hast du schwarze Socken an und orange Hausschlappen. Am rechten Ringfinger hast du einen schönen silbernen Ring und du bist ein bisschen blass, weil du schon lange nicht mehr an der Sonne warst."

Er schwieg einen Augenblick. „Möchtest du auch wissen, wie ich aussehe?", fragte er. „Aber ich warne dich. In einer dieser Krankenhausserien würde ich höchstens einen unsympathischen Patienten spielen können."

Ich lächelte schwach.

„Also, ich bin einen Meter vierundachtzig groß, habe dunkelblonde Haare, blaue Augen und leider ein bisschen Übergewicht. Heute trage ich eine schwarze Jeans und ein blaues Hemd und weiße Turnschuhe. An mir ist eigentlich nichts Besonderes."

„... nur Ihre Stimme", sagte ich leise.

„Meine Stimme?"

Ich nickte.

„Was ist mit meiner Stimme?"

„Sie klingt – schön. Ich meine nett. Nett und lustig. Ein bisschen wie die Stimme meines Bruders."

„Danke", sagte Doktor Haselmayer mit seiner schönen, netten und lustigen Stimme. „Und jetzt essen wir, okay? Bevor alles kalt wird."

Ich schwieg. Aber dann versuchte ich es doch. Und es klappte besser, als ich vermutet hatte. Vorsichtig stach ich mit meiner Gabel in die Pommes frites und meistens ging es gut und ich fand, was ich suchte. Ein paar Mal allerdings führte ich auch eine leere Gabel an den Mund und merkte es jedes Mal erst, wenn ich sie bereits im Mund hatte.

Ich biss nervös die Zähne zusammen, wenn das passierte, und hoffte, dass Doktor Haselmayer es nicht gesehen hatte.

„Macht nichts, wenn es manchmal noch nicht klappt", sagte er irgendwann allerdings, als ich mir gerade wieder die leere Gabel in den Mund geschoben hatte.

Mit dem Salat war es schon schwieriger. Ich merkte, wie ich ein paar Mal kleckerte und wie mir zweimal etwas von der Gabel fiel.

Den Hähnchenschenkel nahm ich einfach in die Hand, so wie ich es früher gemacht hatte, und das Hähnchenschenkelabknabbern funktionierte auch wie früher.

„Prima", sagte Doktor Haselmayer, als ich meinen Teller schließlich vorsichtig ein Stück nach hinten schob. „Satt?"
Ich nickte.
„Ich auch", sagte der Arzt.
Still saß ich auf meinem Stuhl und fühlte mich müde und erschöpft.
„Wollen wir ein bisschen frische Luft im Klinikgarten schnappen?", fragte Doktor Haselmayer plötzlich.
Ich zuckte zusammen und schüttelte schnell den Kopf. „Ich will nicht nach draußen."
„In Ordnung", sagte Doktor Haselmayer, so als wäre das die normalste Sache der Welt, nicht nach draußen gehen zu wollen. „Aber ans Fenster können wir uns stellen und so ein bisschen Sauerstoff tanken, was meinst du?"
Ich hob die Schultern. „Ich weiß nicht", murmelte ich schließlich kraftlos. Ich hatte ja nicht einmal die geringste Ahnung, wo das Fenster überhaupt war.
Aber dann hörte ich, wie Doktor Haselmayer es hinter meinem Rücken öffnete, und spürte, wie ein Schwall frischer Luft hereinwehte.
„Ich könnte dich wieder führen", sagte der Arzt. „So wie vorhin."
Ich nickte, weil ich plötzlich eine richtige Sehnsucht nach dieser frischen Abendluft hatte.
Wir gingen zum Fenster und stellten uns dicht nebeneinander. Unsere Schultern berührten sich.
„Wie ist das Wetter?", fragte ich schließlich.
„Na, was glaubst du?", fragte Doktor Haselmayer zurück.
Ich runzelte die Stirn. Aber dann streckte ich ganz langsam und vorsichtig meinen Kopf ein bisschen aus dem offen stehenden Fenster.
„Es ist ziemlich warm", sagte ich nachdenklich. „Schön warm, und es riecht, als hätte es schon ein paar Tage nicht

geregnet. Ich meine, die Luft riecht so trocken und sommerlich."

Ich zog den Kopf zurück. „Welches Datum haben wir überhaupt?"

„Es ist der sechsundzwanzigste Juni", sagte Doktor Haselmayer.

„Was?", rief ich erschrocken. „Schon der sechsundzwanzigste Juni?"

„Ja."

„So lange bin ich schon hier?"

„Ja, so lange bist du schon hier", wiederholte der Arzt. „Mit deiner Wetterprognose lagst du übrigens hundertprozentig richtig. Du hast es ganz genau getroffen, besser hätte ich es auch nicht gekonnt."

Ich schwieg, weil sich in mir mal wieder alles drehte.

„Ich habe in zwei Wochen Geburtstag", sagte ich schließlich so leise, dass ich mir nicht sicher war, ob Doktor Haselmayer mich überhaupt gehört hatte. Aber er hatte mich verstanden.

„Ich weiß", antwortete er nämlich.

„Ich werde sechzehn."

„Ein schönes Alter", sagte Doktor Haselmayer.

Ich spürte, wie ich anfing zu zittern. Mein sechzehnter Geburtstag!

Wie sehr hatte ich mich auf diesen Tag gefreut und wie oft hatte ich ihn mir schon vorgestellt ...

„Ich wünschte, ich wäre tot", sagte ich verzweifelt und legte meine Hände, die plötzlich wieder ganz kalt waren, vor mein Gesicht.

„Ich kann verstehen, dass du dich so fühlst", antwortete der unsichtbare Arzt an meiner Seite. „Und es ist auch ganz normal. Aber ich verspreche dir, es werden auch wieder andere Zeiten kommen, gute Zeiten. Zeiten, in denen du das Leben genießen wirst und in denen du froh und dankbar sein wirst, dass du diesen Autounfall überlebt hast."

„Das glaube ich nicht", flüsterte ich.

„Aber ich bin ganz sicher", sagte Doktor Haselmayer zuversichtlich.

Irgendwann nahm ich die Hände wieder von meinem Gesicht, aber nur weil mir die Arme schwer wurden.

„Leonie, du hast jetzt in den nächsten Tagen ein paar Entscheidungen zu fällen", sagte Doktor Haselmayer genau in diesem Moment.

Ich reagierte nicht, sondern lauschte niedergeschlagen auf die Geräusche der für mich unsichtbar gewordenen Welt. Ein paar Vögel zwitscherten und irgendwo rauschten Bäume. Auch fahrende Autos konnte ich hören, allerdings in einiger Entfernung, es war mehr ein eintöniges Summen.

„Du wirst in den nächsten Tagen nach Hause gehen können. Dein Kopf ist so weit wieder in Ordnung und auch die übrigen Wunden deines Unfalls sind bestens verheilt. Es gibt keinen Grund, warum du noch länger im Krankenhaus sein solltest."

Ich spürte plötzlich meinen Herzschlag, überall, im Brustkorb, im Hals, im Bauch und im Kopf.

„Ich will aber nicht nach Hause", stieß ich bebend hervor. „Ich will hierbleiben, bitte."

„Hier im Krankenhaus können wir nichts mehr für dich tun, was dich weiterbringen würde. Zu Hause bist du besser aufgehoben, du musst dir jetzt dein Leben zurückholen, Leonie ..."

Das hatte schon mal jemand zu mir gesagt, ich konnte mich ganz vage und unbestimmt daran erinnern.

„Es gibt zwei Möglichkeiten: Entweder du lernst zu

Hause, mit deiner Blindheit zu leben, oder du nimmst an einem Rehaprogramm in einer Rehabilitationsklinik teil. Wenn du lieber nach Hause gehen willst, dann wirst du dort eine Betreuerin haben und zu Hause Unterricht für Erblindete bekommen. In einer Rehaklinik würdest du einige Wochen zusammen mit anderen Blinden wohnen."

„Ich hasse dieses Wort!", stieß ich verzweifelt hervor.

„Aber es gehört dennoch von nun an zu deinem Leben", sagte Doktor Haselmayer sanft, aber unerbittlich.

Ich zog die Schultern hoch. „Ich will bitte zurück in mein Zimmer", bat ich leise.

„Wirst du dir Gedanken darüber machen, was du lieber tun möchtest? Und es mit deinen Eltern und Freunden besprechen?"

Ich nickte schwach.

„In Ordnung", sagte Doktor Haselmayer. „Dann bringe ich dich jetzt zurück. Den Rollstuhl lassen wir hier stehen. Den brauchst du nicht mehr."

„Aber ...", begann ich ängstlich, doch dann schwieg ich.

„Ich lege jetzt wieder meine Hand auf deine Schulter, okay?", fragte Doktor Haselmayer.

Und dann gingen wir zusammen durch das für mich unsichtbare Krankenhaus. In einem zügigen Tempo. Es schien mir hundert Jahre her zu sein, dass ich so schnell gelaufen war. Ich musste daran denken, wie wir im Kindergarten „Blindsein" gespielt und uns gegenseitig geführt hatten.

Es war aufregend gewesen und auch ein bisschen gruselig. Am schönsten war es, wenn das schwarze Tuch abgenommen wurde. Man war wieder da. Alles war gut gegangen. Man blieb stehen, rieb sich die Augen, und manchmal wunderte man sich, wo man gelandet war. Dann war der Nächste dran. Man konnte, wenn man einander vertraute, richtig schön schnell mit verbundenen Augen laufen. Nur manchmal überfiel einen ganz plötzlich die Sorge, man könne im nächsten Moment gegen eine Wand oder ein anderes Hindernis stoßen.

Ich merkte, wie ich langsamer wurde und nervös meine Hände vor mich hielt.

„Was ist?", fragte Doktor Haselmayer.

„Ich kann nicht so schnell laufen", sagte ich unglücklich. „Ich habe immerzu Angst, ich könnte irgendwo anstoßen."

Den Rest des Weges gingen wir langsam und vorsichtig, und ich war wieder ganz unten.

Ich wollte sehen können.

Ich wollte nicht blind sein.

Lieber wollte ich sterben.

10

Estella und ich durften am selben Tag nach Hause gehen.

„Ich freue mich so", sagte Estella, die vor ein paar Wochen sechzehn geworden war und die schon einen festen Freund hatte. Ich musste in den letzten Tagen immerzu an Frederik denken. An seine weichen braunen Haare, die sich hinter seinen Ohren lockten, wenn er sie lange genug wachsen ließ, an den kleinen, herzförmigen Leberfleck auf seinem Arm, an die winzige Warze an seinem Daumen, an seine angewachsenen Ohrläppchen, an seinen breiten, vergnügten Mund, seine weichen Hände und seine glatte Haut.

Nie wieder würde ich das alles sehen können. Nie wieder würden wir uns küssen und uns so nah sein wie in dieser einen Nacht in unserem Garten unter der dünnen, schönen Birke.

Estellas Freund hieß Clemens und Estella hatte ihn mir beschrieben.

„Er ist der hübscheste Junge, den ich kenne", hatte sie gesagt. „Fast alle Mädchen in meiner Klasse waren schon in ihn verliebt. Aber auf unserer letzten Klassenfahrt hat er sich dann in mich verliebt, stell dir das mal vor, Leonie. Er ist mein erster Freund. Vor ihm hat sich noch nie jemand in mich verliebt. Ich meine, ich bin ziemlich klein und dünn, und dann bin ich auch nicht sehr sportlich, weil ich mich viel zu sehr schonen muss. Krank bin ich auch oft. Aber das hat ihn alles nicht gestört."

Estellas Stimme klang immer noch verwundert, während sie mir das erzählte.

Ich schwieg, aber es war ein anderes Schweigen als am Anfang. Estella wusste jetzt, dass ich nicht auf sie böse war, dass ich nicht ihretwegen so gereizt war und meine Hände schützend vor mein Gesicht legte.

„Ich finde zum Beispiel, du bist viel hübscher als ich, Leonie", sagte Estella nach einer kleinen Weile.

Ich schwieg weiter.

„Du hast eine tolle Figur und ein schönes Gesicht. Und deine Augen haben diese unglaublich langen Wimpern. Ich habe noch nie vorher so dichte, gerade Wimpern gesehen", fügte Estella hinzu.

Vor einer Woche hatten sie mir die Pflaster abgenommen, und seitdem hatte ich noch viel öfter meine Hände vor mein Gesicht gehalten, vor meine Augen, die jetzt nackt waren und ganz und gar nutzlos.

Ich richtete mich plötzlich auf. „Gibst du mir eine ehrliche Antwort, wenn ich dich etwas frage, Estella?", bat ich sie und hatte Herzklopfen.

„Klar", sagte Estella.

„Wie sehe ich aus mit diesen – blinden Augen?"

Estella schwieg einen kleinen Moment. „Es sieht einfach so aus, als hättest du die Augen geschlossen."

„So als ob ich schlafen würde?", fragte ich.

„Nein, nicht direkt", antwortete Estella. „Denn du siehst ja sonst sehr wach aus. Es wirkt eher so, als hättest du mal für einen Moment die Augen zugemacht, vielleicht weil du nachdenkst oder so ..."

„Nur dass dieser Moment mein ganzes Leben sein wird", sagte ich bitter.

„Aber sehr hübsch bist du trotzdem", sagte Estella und kam zu meinem Bett herüber. Sie setzte sich auf den Rand meines Bettes und schob ihre Hand behutsam in meine Hand.

„Ich werde dich vermissen", sagte sie.

„Ich werde dich auch vermissen", sagte ich.

„Aber ich freue mich trotzdem wie verrückt auf zu Hause", sagte Estella.

„Ich freue mich gar nicht", sagte ich.

Und dann kamen Estellas Mutter und ihr Freund Clemens.

„Mach's gut, Leonie", sagte Estella leise.

„Du auch", antwortete ich und gab mir Mühe, ruhig sitzen zu bleiben, obwohl ich wusste, dass Estellas Mutter und ihr Freund jetzt beide vor meinem Bett standen und mich ansehen konnten.

„Wir werden telefonieren", sagte Estella, und ich hörte, wie sie ihre Jacke anzog.

„Ja", flüsterte ich und dann drehte ich mich doch schnell weg und legte schützend meine Hände vor mein blindes Gesicht.

Eine Stunde später kamen meine Eltern, um mich abzuholen.

„Hier sind wir, Leonie", begrüßte mein Vater mich, und

ich spürte, wie er sich über mich beugte. Er küsste meine Stirn und drückte gleichzeitig meine Hand.

„Wir freuen uns so, dich endlich wieder nach Hause zu holen", sagte meine Mutter.

Ich schwieg und dachte daran, wie sie gestern zu mir gesagt hatte, sie fände es im Grunde am besten für mich, in diese Rehaklinik für Sehbehinderte und Blinde zu gehen, wenigstens für eine Weile.

„Du würdest dort andere Menschen kennenlernen, die ein ähnliches Schicksal haben wie du", hatte sie gesagt. „Du würdest spüren, dass du nicht alleine bist. Und du könntest dort neue Freundschaften schließen ..."

„Ich will aber nicht", hatte ich gemurmelt und in mir drin hatte sich wieder alles zusammengezogen vor Verzweiflung. Ich wollte nicht mit anderen Blinden zusammensein. Ich wollte nichts mit Blinden zu tun haben. Ich wollte keine blinden Freunde. Ich dachte an Janne. Auch sie wollte ich nicht bei mir haben. Dabei hatten meine Eltern mir oft erzählt, wie gerne Janne mich besuchen kommen würde. Aber in den letzten Tagen hatte mein Telefon nur noch selten geklingelt. Anscheinend hatten die anderen endlich verstanden, dass ich meine Ruhe haben wollte.

Sehr langsam richtete ich mich auf. Beim Aufstehen taumelte ich ein bisschen.

„Vorsicht", sagte meine Mutter nervös.

Ich biss die Zähne zusammen. In diesem Moment klopfte es.

„Herein", rief mein Vater.

Es war Schwester Anja. „Ich bin es, Leonie", sagte sie und kam näher. „Ich wollte mich nur von dir verabschieden. Darf ich dich in den Arm nehmen?"

Ich nickte und die Krankenschwester drückte mich für einen kurzen Augenblick an ihren nach Krankenhausluft riechenden Kittel. „Ich wünsche dir alles, alles Gute, Leonie. Wenn du Zeit hast, komm ruhig einmal vorbei und besuche uns. Wir würden uns alle sehr freuen ..."

Ich nickte wieder und drückte ihre warme Hand. Wie sie wohl aussah? Ob sie blonde Haare hatte oder dunkle? Und ob sie hübsch oder hässlich war?

Langsam gingen wir durch den Stationsflur. Meine Mutter hatte mich an der Hand und führte mich. Ich hielt den Kopf gesenkt und lief benommen und zittrig durch diese feindselige Dunkelheit, die mich immerzu umklammerte.

Auch Schwester Conny und Mette waren da und verabschiedeten sich von mir. Mette schenkte mir eine Rose zum Abschied.

„Sie ist aus unserem Garten, meine Mutter hat sie für dich ausgesucht", sagte sie leise. „Ich soll dich von ihr grüßen und du sollst unbedingt mal bei uns vorbeikommen. Meine Mutter würde dich sehr gerne kennenlernen."

„Ja, vielleicht ...", flüsterte ich vage.

Der Letzte, der zu meinem Abschied erschien, war Doktor Haselmayer.

„Nicht den Mut verlieren, Leonie", sagte er mit seiner schönen, sanften Stimme. „Du wirst dein Leben schon meistern, da bin ich mir sicher. Und wenn du dich schlecht fühlst, kannst du mich jederzeit anrufen, und dann kommst du einfach wieder in meine Sprechstunde, in Ordnung? Mit deinen Eltern habe ich das schon besprochen."

„Ja ...", sagte ich kaum hörbar und hätte mich vor Erschöpfung am liebsten einfach auf die Erde gelegt und dort wie ein krankes Tier zusammengerollt. Ich wollte nur schlafen und sonst gar nichts.

„Dann wollen wir mal", sagte mein Vater in diesem Moment und auch seine Stimme klang nervös. Ich hörte, wie er mit seinem Autoschlüssel klapperte.

Ich hielt die Luft an, als wir in den Aufzug stiegen. Waren wir alleine für uns dort drin, oder stand noch jemand mit im Aufzug, der mich sehen konnte?

„Mama ...", wimmerte ich kläglich.

„Opa, was hat das Mädchen denn?", fragte in diesem Augenblick eine flüsternde Kinderstimme.

„Psst, Anna, so was fragt man nicht", antwortete eine verlegene Männerstimme fast ebenso leise.

„Aber warum hat sie die Augen zu?", fragte das Kind ein bisschen lauter.

Der alte Mann schwieg.

„Opa, sag doch", drängte das Kind.

Ich zitterte am ganzen Körper vor Aufregung. Meine Mutter streichelte mit ihrer kalten Hand meine kalte Hand – dabei hatte meine Mutter sonst nie kalte Hände. Und ich früher auch nicht.

Der Aufzug blieb stehen und ich machte mich zum Aussteigen bereit.

„Noch nicht, Leonie, wir sind noch nicht unten", sagte meine Mutter leise, und ich spürte, wie noch jemand den Aufzug betrat.

„Kann das Mädchen nichts sehen?", fragte das Kind, und diesmal flüsterte es wieder.

„Ja, das hast du gut erkannt", sagte mein Vater plötzlich und räusperte sich. „Das Mädchen ist meine Tochter und sie hatte einen schweren Unfall, bei dem ihre Augen verletzt wurden. Und darum kann sie jetzt nichts mehr sehen."

Es war ganz still, nachdem mein Vater den Satz beendet hatte.

„Ach so", sagte das Kind dann.

„Es tut mir so leid", sagte der alte Mann und seine Stimme klang wieder sehr verlegen.

„Es ist schon in Ordnung", sagte mein Vater.

Meine Mutter und ich sagten nichts. Und auch die andere Person, die nach uns in den Aufzug gekommen war, schwieg. Dann waren wir unten.

„Auf Wiedersehen und alles Gute – und ich bitte nochmals um Entschuldigung", sagte der alte Mann beim Aussteigen, ehe er mit dem kleinen Kind davonging. Ich hörte seine schweren und dicht dabei die unruhigen hopsenden Kleinkinderschritte seiner Enkelin.

„So, und jetzt schnell nach Hause", drängte meine Mutter und nahm wieder meine Hand in ihre.

„In welchem Krankenhaus sind wir eigentlich?", fragte ich leise und wunderte mich selbst darüber, dass ich mir diese Frage nicht schon viel früher gestellt hatte. Denn es gab ja eine Menge Krankenhäuser in unserer Stadt.

„Im Sankt-Katharinenstift", sagte meine Mutter.

Ich spürte, wie mir die Knie weich wurden und ich klammerte mich an die Hand meiner Mutter. Im Sankt-Katharinenstift war ich geboren worden. Genau wie Siemen vor mir und Grischa nach mir. Und als Grischa im letzten Winter die schwere Bronchitis gehabt hatte, waren wir auch mit ihm im Sankt-Katharinenstift gewesen. Fast jeden Tag hatte ich ihn damals hier besucht.

Ganz deutlich sah ich plötzlich die Empfangshalle vor mir, durch die wir gerade gingen. Den Informationsschalter gleich am Eingang und daneben die Anmeldekabine für Patienten, die stationär aufgenommen wurden. Weiter hinten waren ein kleiner Blumenladen und ein schmaler Zeitungskiosk. Überall an den Wänden standen rot gepolsterte Sitzbänke und ganz rechts neben dem Ausgang befand sich ein völlig verqualmter Raucherraum.

„Ich wünschte, ich wäre so tot wie meine kaputten Augen", dachte ich wieder und wieder, während ich vorsichtig neben meiner Mutter über den Vorplatz des Sankt-Katharinenstifts ging.

„Achtung, jetzt kommt gleich ein kleiner Bordstein", sagte meine Mutter einmal warnend. Ich machte einen vorsichtigen hohen Schritt, aber dann stolperte ich trotzdem und meine Mutter legte schnell ihren Arm um meine Schulter. Sie schwitzte, ich roch es deutlich, und es war ein ganz anderer Schweiß als sonst, wenn sie manchmal von einer langen Tanzprobe im Theater nach Hause kam und müde und erschöpft war und als Erstes im Badezimmer verschwand, um zu duschen.

Dieser Schweiß meiner Mutter war mir ganz fremd und er roch nach Angst und Kummer und Verzweiflung.

Ich wollte diesen Geruch nicht einatmen müssen, und darum schob ich ihren Arm zur Seite.

„Bitte, Leonie, ich will dir doch nur helfen", sagte meine Mutter.

„Aber ich möchte nicht so eingequetscht gehen", murrte ich gereizt.

„Entschuldige", sagte meine Mutter schnell. „Das wollte ich nicht." Sie nahm wieder meine Hand. „Ist es besser so?"

Ich zuckte mit den Achseln und gab keine Antwort. Am liebsten hätte ich mich von ihr losgerissen und wäre davongerannt, um irgendwo ganz für mich alleine zu sein. Aber das würde wohl nie mehr funktionieren. Denn wohin sollte ich rennen? Und wie sollte ich überhaupt rennen? Schon beim Gedanken daran wurde mir schwindelig.

„Da sind wir", sagte mein Vater in diesem Moment. Ich blieb stehen und hörte, wie er das Auto öffnete.

„So, ich bitte, Platz zu nehmen", fuhr er fort.

Plötzlich musste ich an meine letzte Autofahrt denken. Es war die Fahrt gewesen, die meine Augen und mein Leben zerstört hatte. Ich schluckte, und weil mein Hals vor Entsetzen so trocken war, klang es, als müsse ich würgen.

„Alles in Ordnung, Leonie?", fragte meine Mutter sofort.

„Was ist das für ein Auto?", flüsterte ich und dachte an unseren alten dunkelblauen Saab, mit dem wir im April in den Stadtwald gefahren waren.

„Das ist ein Lancia", sagte meine Mutter. „Ein silberner Lancia. Wir haben ihn erst seit drei Wochen."

Ich nickte stumm und tastete mich dann vorsichtig auf die Rückbank des neuen Wagens. Meine Mutter setzte sich neben mich.

„Warum sitzt du nicht vorne bei Papa, so wie sonst?", fragte ich misstrauisch und meine Stimme klang schon wieder gereizt.

„Ich dachte, es wäre ...", begann meine Mutter nervös.

„Ich kann ganz gut alleine hinten sitzen", unterbrach ich sie böse. „Warum behandelt ihr mich bloß wie einen bekloppten Krüppel?"

Ich spürte förmlich, dass meine Eltern sich jetzt anschauten. Und gleich darauf stieg meine Mutter wortlos nach vorne um und mein Vater startete den Motor des neuen Lancias.

Ich lehnte mich müde und verzweifelt zurück. Die Dunkelheit um mich herum peinigte mich.

„Wir fahren jetzt den Nordring entlang", sagte meine Mutter irgendwann. „Und jetzt sind wir fast unten am Rheinufer, da wo wir früher manchmal Drachen steigen ließen, erinnerst du dich?"

Ich gab keine Antwort.

„Jetzt sind wir gleich in unserem Stadtteil, eben biegen wir in die Brentanoallee ein, Leonie."

Ich schwieg und spürte, dass ich gleich weinen würde.

Die Brentanoallee. Ich sah in Gedanken jeden Baum, der

hier stand, so deutlich vor mir, dass es kaum auszuhalten war. Wie oft war ich hier mit Janne entlanggeschlendert? Auch mit Siemen und Grischa war ich hier schon tausendmal gewesen. Und weiter hinten, wo die Brentanoallee einen scharfen Linksknick machte, war die kleine Eisdiele, in der Frederik und ich zusammen Himbeereis gegessen hatten.

„Jetzt sind wir am Sportplatz", erklärte meine Mutter. „Und jetzt bei der Kirche."

Ich schwieg und schwieg und schwieg.

„Hier ist die kleine Eisdiele ...", fuhr meine Mutter fort.

„Hör auf! Ich will das nicht hören!", schrie ich plötzlich und hielt mir die Ohren zu. Danach war es ganz still im Auto und wenige Minuten später waren wir zu Hause.

11

Zu Hause.

Wieder zu Hause.

Mein Vater öffnete von außen die Autotür, ein Schwall Sommerluft wehte mir ins Gesicht.

Sehr langsam und vorsichtig stieg ich aus dem Wagen. Wieder taumelte ich ein bisschen.

„Pass doch auf sie auf, um Himmels willen", flüsterte meine Mutter meinem Vater zu und im nächsten Moment spürte ich seine schwere Hand auf meiner Schulter.

„Komm, Leonie", sagte er.

Aber ich konnte nicht. Ich stand einfach starr da und wusste, wenn hinter mir das geparkte Auto stand, dann war vor mir jetzt das Haus. Unser Haus. Unser Haus mit dem kleinen Vorgarten und den wilden roten Rosen am linken Giebel. In meinem Kopf drehte sich alles. Ich sah unseren

Gartenzaun vor mir und das kleine eiserne Gartentor und dahinter unser zweistöckiges weißes Haus mit den bunten Vorhängen an jedem Fenster.

„Komm, Leonie, wir wollen hineingehen", sagte meine Mutter und streichelte ganz leicht meinen Arm.

„Ich hasse alles", flüsterte ich verzweifelt und machte ein paar winzige Schritte. „Ich wünschte, ich wäre tot."

Weder meine Mutter noch mein Vater gaben mir eine Antwort. Langsam gingen wir durch den Vorgarten. Der Kies unter meinen Füßen knirschte, so wie er es immer tat, wenn man darüber lief. Das letzte Mal war ich hier mit Frederik entlanggegangen, zu unserem Ausflug im Stadtwald. Unbekümmert und vergnügt hatten meine Schuhe genau denselben Kiesweg betreten, wie sie es jetzt wieder taten, aber damals hatte ich keine Ahnung gehabt, welch ein unsagbares Glück es war, unbekümmert und vergnügt und ohne zu stolpern laufen zu können.

„Mama, warum musste ausgerechnet mir das passieren?", flüsterte ich, während mein Vater die Haustür aufschloss.

Aber meine Mutter kam nicht dazu, mir zu antworten.

„Leonie ist wieder da!", rief Grischa nämlich gellend, und gleich darauf umarmte er mich und presste sich fest an mich. Ich umarmte ihn ebenfalls, meinen kleinen, dünnen, klugen Bruder. Es tat gut, ihn im Arm zu haben, aber ich fühlte instinktiv, dass er nicht der Einzige war, der aus dem Wohnzimmer gekommen war, um mich zu begrüßen.

„Ist Siemen auch hier?", fragte ich nervös.

„Ja, und Grandpa und Katie Crawford und Janne", flüsterte Grischa zurück.

Ich merkte, wie ich erstarrte.

„Salute, kleine Schwester", sagte Siemen im nächsten Moment und drückte mich nun ebenfalls an sich. Ich wich zurück.

„Hallo, Leonie", sagte Sekunden später Janne leise und zurückhaltend, und ihre Stimme klang unsicher und fern und gar nicht mehr so vertraut wie früher.

„Ich will in mein Zimmer, bitte", flüsterte ich voller Panik und legte meine Hände vor mein Gesicht.

„Komm, ich helfe dir", sagte meine Mutter schnell. Ich spürte ihre Hand an meiner Schulter. Sachte schob sie mich durch die Diele. Und wieder stolperte ich. Ich hatte auf einmal das sichere Gefühl gehabt, gleich gegen eine Wand zu stoßen. Erschrocken streckte ich die Hände nach vorne und stolperte ein zweites Mal, obwohl da nirgends ein Hindernis war. Meine Hände tasteten widerstrebend in die Dunkelheit vor mir. Und gleich darauf berührte ich den alten Schrank an der Wand neben der Treppe und plötzlich wusste ich, wo ich war.

„Ich will alleine gehen", sagte ich grob.

„Aber ...", begann meine Mutter, dann schwieg sie und ich ging alleine weiter. Ich tastete mich vorsichtig vorwärts und wusste, sie schaute mir hinterher. Wahrscheinlich schauten mir die anderen auch hinterher, es war jedenfalls sehr still hinter mir. Trotzig tastete ich mich Stufe für Stufe die Treppe nach oben und über den Flur und fand meine Zimmertür. Ich drückte mit zitternden Fingern die Klinke hinunter und betrat mein Zimmer. Mit einem lauten Knall warf ich die Tür hinter mir zu. Benommen stand ich einen Moment da. Ich sah mein Zimmer genau vor mir, mein Fenster, den Flokatiteppichboden, mein Bett, meinen Schreibtisch, den alten Schrank mit dem großen Spiegel daran, der einen langen Zickzacksprung hatte, meine Staffelei, das kleine Regal mit den Öl- und Aquarellfarben und den Pinseln und Kohlestiften und das hohe Regal mit meinen Büchern und meiner Musikanlage und meinen Kassetten und CDs.

Aber alles, alles, alles war verschwunden. Es gab nichts mehr außer schwarzer Finsternis, schwarzer, böser, eisiger Finsternis. Verzweifelt tastete ich mich zu meinem Bett hinüber und mein erster Impuls war, mich einfach darauf zu werfen und unter der Decke zu vergraben. Aber nicht einmal dazu war ich in der Lage. Stattdessen setzte ich mich vorsichtig auf den Bettrand und ließ mich dann, langsam und schwerfällig wie ein kranker Elefant, seitwärts auf die Matratze sinken. Stocksteif lag ich da und fühlte mich in meinem eigenen Zimmer fremd und wie zu Besuch. Nicht mal weinen konnte ich mehr, ich konnte nichts tun, als dazuliegen und in die Dunkelheit zu starren.

Irgendwann klopfte es, aber ich gab keine Antwort. Schließlich hörte ich, wie dennoch leise die Tür aufging.

„Schläfst du, Mäuschen?", fragte die Stimme meines Vaters.

Ich rührte mich nicht.

„Es gibt nämlich gleich Mittagessen", sagte er. „Und es wäre schön, wenn du zu uns ins Wohnzimmer kämst."

Doch ich ging nicht ins Wohnzimmer. Ich hörte die anderen reden und mit Geschirr und Besteck klappern, aber sehr vergnügt schienen sie nicht zu sein.

Es klopfte an diesem Nachmittag noch ein paar Mal an meine Zimmertür. Einmal schaute Grandpa herein. Ich hatte mich in meinem Bett zusammengerollt und mit dem Gesicht zur Wand gedreht.

„Ich habe dir ein paar walisische Cookies auf deinen Schreibtisch gestellt", sagte Grandpa mit seiner alten rauen Stimme auf Englisch. „Lass sie dir schmecken, mein Liebes."

Ich schwieg.

Auch Janne kam in mein Zimmer.

„Leonie, ich bin froh, dass du wieder zu Hause bist", sagte sie vorsichtig. „Und ich bin so froh, dass du diesen schrecklichen Unfall überlebt hast."

Ich schwieg weiter.

„Ich freue mich darauf, wenn du wieder in die Schule kommst." Gleich darauf hörte ich, wie sie die Tür leise hinter sich zuzog.

Was redete Janne bloß für einen Blödsinn? Nie wieder würde ich in unsere alte Schule gehen können. Wie sollte das funktionieren? Wie sollte ich dem Unterricht folgen? Außerdem hatte ich nicht vor, mich vor den anderen lächerlich zu machen.

Der Nächste war Grischa. „Bitte, Leonie, steh auf", sagte seine Stimme neben meinem Bett. „Du hast mir versprochen, mit mir zum Fußball zu gehen. Das könntest du zum Beispiel heute tun. Ich habe gleich Training."

Ich schwieg und biss die Zähne fest zusammen.

Als Letztes kam meine Mutter.

„Hast du denn keinen Hunger, Leonie?", fragte sie und setzte sich neben mich.

Ich schwieg und schwieg und schwieg. Ich fühlte die streichelnden Hände meiner Mutter auf meinem kalten, starren Rücken. Ich fühlte, wie sie mich schließlich vorsichtig zudeckte und auf die Schläfe küsste.

„Ich wünschte, ich könnte für dich blind sein", sagte sie schließlich auf Englisch. Es kam sehr selten vor, dass meine Mutter mit uns englisch redete. Als wir noch klein waren, hatte sie es öfter getan, und wenn sie besonders glücklich oder unglücklich war. Auch wenn sie erschrak oder mitten in der Nacht aus dem Schlaf aufgeschreckt wurde, verfiel sie in ihre Muttersprache. Sie merkte es meistens nicht einmal.

„Du weißt ja nicht, was du sagst", antwortete ich leise

und ebenfalls auf Englisch. „Du weißt nicht, wie grauenvoll es ist. Und wie alleine man sich fühlt. Und wie müde es macht."

Mehr sagte ich nicht. Ich hörte meine Mutter leise seufzen und stellte mir ihr blasses sommersprossiges Gesicht vor und ihre schönen grünen Augen, die ich von ihr geerbt hatte und mit denen sie mich jetzt ganz sicher bekümmert anschaute.

Irgendwann schlief ich ein.

Als ich wieder aufwachte, war ich alleine in meinem Zimmer. Benommen und verschlafen richtete ich mich auf. Wie spät es wohl war? Ich lauschte nach draußen, überall war es still. Konnte es schon Nacht sein? War das möglich? Wo, um Himmels willen, war die kleine Uhr, die einem die Zeit ansagen konnte? Im Krankenhaus hatte der Wecker auf meinem Nachttisch gestanden, aber hier hatte ich keinen Nachttisch. Ich tastete mit der linken Hand aus meinem Bett hinaus. Neben meinem Bett auf dem Boden hatte immer das Buch gelegen, das ich gerade las. Vielleicht hatte meine Mutter ihn dort für mich hingestellt? Und tatsächlich, meine Finger stießen fast sofort gegen ihn.

Erleichtert nahm ich ihn in die Hand und drückte auf den Knopf. „Es ist dreiundzwanzig Uhr elf", sagte die sanfte Computerstimme.

So spät schon. Nachdenklich saß ich in der Dunkelheit. Ich hatte Hunger und war verschwitzt, es war ziemlich warm in meinem Zimmer. Ob ich es schaffen würde, das Fenster zu öffnen? Ganz langsam stand ich auf. Ich schob meine Beine aus dem Bett und fühlte gleich darauf den weichen Flokati unter meinen nackten Füßen, ein vertrautes, schönes Gefühl. Wackelig stand ich in meinem unsichtbar gewordenen Zimmer. Mit winzigen Schritten ging ich schließlich zum Fenster. Ich stoppte, als meine Finger die kühle Fensterscheibe berührten, tastete nach dem Fenstergriff und öffnete das Fenster. Angenehm kalte Nachtluft kam mir entgegen. Ich setzte mich auf mein breites Fensterbrett und hielt mein heißes Gesicht in diese frische, klare Luft. So hatte ich früher auch oft dagesessen. Ich wusste, von hier aus konnte man die dünne, schöne Birke sehen, unter der Frederik und ich unsere erste gemeinsame Nacht verbracht hatten. Dabei war in dieser Nacht kaum etwas passiert. Ein paar kleine Küsse hatten wir uns gegeben und einen etwas längeren Kuss, bei dem sich unsere Zungen für einen winzigen Moment berührt hatten. Das hatte sich schön angefühlt. Und dann waren wir Hand in Hand eingeschlafen. Ich dachte an Frederik und spürte, wie sehr er mir fehlte. Komisch, mein ganzes Leben stand Kopf und ich hatte mein Augenlicht verloren und war zu einem hilflosen Pflegefall geworden – aber alles das hatte anscheinend nichts an meinen Gefühlen für Frederik geändert. Ich war immer noch verliebt in ihn.

Estella hatte mir erzählt, dass sie, kurz bevor sie ins Krankenhaus gekommen war, zum ersten Mal mit ihrem Freund geschlafen hatte.

„Es war so schön", hatte sie gesagt. „Es ging allerdings furchtbar schnell. Ich habe immer geglaubt, es würde viel länger dauern. Und ich dachte auch, es wäre mir bestimmt ziemlich peinlich beim ersten Mal. Aber es war gar nicht peinlich – eher niedlich, weil Clemens so aufgeregt und zappelig und durcheinander war."

Dann hatte mich Estella gefragt, ob ich auch schon mit einem Jungen geschlafen hätte.

Ich hatte den Kopf geschüttelt und ansonsten geschwiegen. Ich wollte nicht mehr über Frederik und mich nachdenken, und das hatte sich auch jetzt nicht geändert. Die Sache mit Frederik und mir war vorbei. Im Grunde hatte sie ja nie richtig angefangen. Was waren schon ein paar winzige betrunkene Küsse? Denn betrunken war Frederik an diesem Abend ganz sicher gewesen, nachdem er fast eine viertel Flasche Ouzo leer getrunken hatte.

Leonie mit den waldmeistergrünen Augen.

Das war doch alles nur Unsinn gewesen. Bestimmt gab es längst ein anderes Mädchen, das er küsste und dem er nette Sachen sagte.

Ich merkte plötzlich, dass ich fror. Meine Zähne klapperten und meine Arme und Beine waren ganz kalt und klamm. Nervös rutschte ich von der Fensterbank und schloss das Fenster. Ich tastete mich zurück zu meinem Bett, aber ehe ich es erreichte, kam mir ein ganz verrückter Wunsch. Ich wollte baden, um mich aufzuwärmen. Ob ich das schaffen würde? Mit zusammengebissenen Zähnen durchquerte ich vorsichtig mein unsichtbares Zimmer und ging in den Flur hinaus. Überall war es still. Ich schlich dicht an der Wand entlang, meine linke Hand die ganze Zeit an der rauen Tapete. Ich berührte zwei Lichtschalter und drei Türen und einen großen Bilderrahmen, der alt und schnörkelig und golden und riesig war und in dem ein Plakat von Louis Armstrong steckte. Schließlich erreichte ich das Bad, das gleich hinter Katies Zimmer lag, und drückte so leise wie möglich die Badezimmertür auf. Ich fand die Badewanne an der gegenüberliegenden Wand und tastete nach dem Griff des Warmwasserhahnes. Alles klappte problemlos. Das Wasser machte natürlich ein bisschen Lärm, es plätscherte mit einem vertrauten Rauschen in die leere Wanne hinein. Ich lauschte besorgt nach draußen. Ich wollte nicht gestört werden, aber ich konnte die Tür nicht abschließen, weil es bei uns im ganzen Haus keine Zimmerschlüssel mehr gab, seit Grischa sich mit zwei Jahren einmal im Badezimmer eingesperrt und es ziemlich lange nicht geschafft hatte, den Schlüssel wieder umzudrehen.

Aber alles blieb still, und nachdem ein bisschen Wasser in der Wanne war, wurde das Rauschen zum Glück eine Spur leiser. Ich spürte den warmen Wasserdampf in meinem kalten Gesicht, und das fühlte sich schön an. Vorsichtig begann ich, mich auszuziehen. Meine Kleider legte ich ordentlich auf die kleine Kommode neben der Wanne. Dann stieg ich ins warme Wasser, das fast schon zu heiß geworden war. Ganz langsam setzte ich mich und tastete nach der Flasche mit dem Badeöl, die gewöhnlich an der Kopfseite der Wanne in einem kleinen lila Drahtkorb stand, der dort an der Wand hing. Aber der Korb war leer. Zögernd wanderten meine Hände den Wannenrand hinauf und auf der Außenseite wieder hinunter. Schließlich stießen sie ganz unten auf drei Plastikflaschen. Warum standen sie nicht im Korb, so wie sonst? Ich nahm sie der Reihe nach in die Hand und befühlte sie. Keine der Flaschen hatte die Form der Badeflasche, die wir sonst hatten. Nervös drehte ich die Flaschen in meinen Händen. Sie konnten alles Mögliche enthalten. Haarshampoo, Badeöl, Haarspülung oder Siemens Waschlotion gegen Pickel. Sogar das Anti-Floh-Schaumbad für Hobbes.

Vorsichtig schraubte ich die Deckel einer dieser drei Plastikflaschen auf und roch daran. Ein saurer, beißender Geruch schlug mir entgegen – das musste Hobbes' Katzenschaum sein. Ich stellte die Flasche schnell zur Seite und nahm die nächste in die Hand. Sie roch blumig und frisch, ob das ein neuer Badeschaum war? Die dritte Flasche hatte ebenfalls einen blumigen, frischen Duft. Ratlos hielt ich die beiden Flaschen in der Hand und schließlich entschied ich mich für die letzte und ließ ein paar Tropfen daraus in mein Badewasser rieseln.

Danach lehnte ich mich zurück und versuchte, an gar nichts zu denken. Ich spürte meinen Körper und er fühlte sich an wie immer. Langsam ließ ich meine Hände über meinen flachen Bauch wandern und über meine Oberschenkel und meine Knie, bewegte meine Zehen und streichelte für einen kleinen Moment über meine Brust und meine Oberarme und Schultern. So weit fühlte ich mich gesund und normal an. Ich atmete auf und zum ersten Mal seit langer Zeit mochte ich mich wieder, wenigstens ein bisschen. Schließlich tastete ich zögernd nach meinem Gesicht. Mein Kinn, mein Mund, meine Wangen und meine Nase, ich sah das alles noch ganz genau vor mir. Das war alles noch ich, irgendwie. Aber irgendwie auch nicht. Vorsichtig legte ich meine Hände auf meine geschlossenen Augen. Meine Augenlider zuckten und meine Wimpern kitzelten meine Handflächen. Was wohl hinter diesen Lidern war? Was war von meinen waldmeistergrünen Augen überhaupt noch übrig geblieben? Die Hornhaut beider Augen sei komplett zerstört, hatten die Ärzte mir erklärt. Ich war mit voller Wucht mit dem Kopf voran gegen die zersplitterte Windschutzscheibe unseres alten Saab geschleudert, hatten sie gesagt.

Ich spürte, wie das friedliche Gefühl, das mich eben noch ganz leicht und vorsichtig umfangen hatte, verflog und ich anfing zu weinen. Ich weinte, bis das Wasser nur noch lauwarm war und ich zu frieren begann. Dann stand ich benommen auf und stieg aus der Wanne. Ich konnte immer noch nicht aufhören zu weinen, es war wie ein Krampf, ein Weinkrampf, der mich von Kopf bis Fuß schüttelte. Zitternd klammerte ich mich mit der einen Hand an den Rand des Waschbeckens und suchte mit der anderen nach einem

Badetuch. Die Dunkelheit um mich herum schien sich unheilvoll und bedrohlich zusammenzuziehen. Endlich fand ich ein Tuch, aber ich konnte mich schon nicht mehr rühren. Wie erstarrt stand ich da, nass und frierend, und die Schwärze, die mich umgab, tat mir körperlich weh.

Verzweifelt starrte ich in diese schreckliche Leere.

Ich musste einfach etwas sehen. Ich brauchte Licht.

Licht.

Licht.

Licht ...

Ich warf den Kopf hin und her und presste meine geballten Fäuste gegen meine zerstörten Augen.

Plötzlich nahm mich jemand in den Arm.

„Mama ...", schluchzte ich und klammerte mich an meine Mutter. Wie lange sie wohl schon vor der angelehnten Tür gestanden hatte?

„Ich bin ja bei dir, mein Kleines", sagte sie wieder und wieder, und dann bat ich sie um etwas, was nicht einmal mehr Grischa tat. Ich fragte meine Mutter, ob ich für den Rest der Nacht bei ihr im Schlafzimmer schlafen dürfe. Ich ließ mich von ihr anziehen wie ein kleines Kind, und anschließend gingen wir Hand in Hand ins Schlafzimmer hinunter und ich schlief für den Rest der Nacht zwischen ihr und meinem schnarchenden Vater.

12

Eine Woche war vergangen. Eine schlimme, schreckliche Woche. In vier Tagen würde ich Geburtstag haben und sechzehn werden. Die ganze Zeit über hatte ich mich in meinem unsichtbaren Zimmer verkrochen und vor mich hin gedöst. Ich frühstückte, wenn die anderen Mittag aßen, ich aß abends, wenn die anderen beim Abendbrot saßen, das in der Mikrowelle aufgewärmte Mittagessen. Und mitten in der Nacht, wenn alle anderen schon schliefen, aß ich mit zitternden Fingern das Abendbrot, das meine Mutter mir irgendwann, während ich schlief, in mein Zimmer gestellt hatte. Ich kleckerte beim Essen und verschüttete mein Trinken und fühlte mich entsetzlich einsam und verzweifelt. Ansonsten lag ich im Bett und rührte mich nicht. Unglücklich lauschte ich auf die vertrauten Geräusche um mich herum. Das Klingeln des Telefons, den Anrufbeantworter, wenn er ansprang, das Läuten an der Haustür, wenn am Morgen die Post kam, das Gluckern der Kaffeemaschine, das Brummen der Geschirrspülmaschine. Grischas Geige, Siemens Stimme, Katies Stimme, Mamas Stimme, Papas Stimme.

Ich lag stocksteif im Bett und war hin- und hergerissen zwischen Verzweiflung und Wut. Immer wieder presste ich meine geballten Fäuste auf meine geschlossenen Augen. Am schlimmsten war es, wenn ich das Gefühl hatte, dass irgendjemand im Haus gute Laune hatte. Siemen, der im Bad stand, sich rasierte und dabei leise pfiff, oder Katie, die manchmal mit ihrer Mutter in New Jersey telefonierte und dabei unentwegt lachte.

Dann knallte ich meine Zimmertür zu und drehte meine Anlage laut auf, so laut, dass die Welt dort draußen keine Chance mehr hatte, zu mir vorzudringen.

„Leonie, morgen Vormittag bekommst du Besuch von Frau Abrahamian", sagte meine Mutter, während wir ausnahmsweise zusammen frühstückten. Morgen würden für die anderen die Sommerferien beginnen und in vier Tagen war es dann so weit und ich würde sechzehn werden.

Ich tastete vorsichtig nach meinem Toast. Ich aß nur am Esstisch, wenn ich mit meiner Mutter alleine war. Waren mein Vater oder Katie oder Siemen da, blieb ich in meinem Zimmer. Auch vor Grischa wollte ich nicht essen.

„Wer ist das?", fragte ich misstrauisch.

„Frau Abrahamian ist Orientierungs- und Mobilitätstrainerin", erklärte meine Mutter, und ich hörte an ihrer Stimme, dass sie sich Mühe gab, vergnügt und zuversichtlich zu klingen.

„Ich will aber nicht, dass sie kommt", sagte ich gereizt.

„Aber sie wird dir helfen, Leonie", entgegnete meine Mutter.

Ich bekam kalte Hände und meine Kehle war plötzlich wie zugeschnürt. „Aber ich will das nicht, wirklich nicht", murmelte ich mühsam und schob meinen Teller zur Seite.

„Bitte, Leonie ..."

„Nein, verdammt!"

„Aber so kann es doch nicht weitergehen." Die Stimme meiner Mutter war ein bisschen lauter geworden.

„Ich will ja auch gar nicht, dass es weitergeht", schrie ich und sprang auf. Voller Panik klammerte ich mich an meine Stuhllehne, um nicht die Orientierung zu verlieren.

„Du kannst dich nicht den Rest deines Lebens hier verstecken", schrie meine Mutter zurück.

„Und was soll ich stattdessen tun?", brüllte ich. „Vielleicht mit einem Blindenstock im Park auf und ab laufen?"

„Warum nicht?", schrie meine Mutter. „Besser, als immer nur im Zimmer zu sitzen, ist es allemal ..."

„Ich hasse dich! Ich hasse dich so! Ich hasse euch alle!", schrie ich und stolperte mit vorgestreckten Armen aus dem Wohnzimmer. Ich floh in mein Zimmer, knallte die Tür hinter mir zu und stürzte zu meinem Fenster. Mit bebenden Fingern suchte ich den Knopf, mit dem sich der Rollladen einschalten ließ. Ich fand ihn und drückte heftig darauf. Mit leisem monotonen Brummen setzte sich der Rollladen in Bewegung. Früher hatte ich ihn nie benutzt, keiner von uns schlief mit herabgelassenem Rollladen, die bunten Vorhänge gefielen allen besser, aber jetzt wollte ich, dass mein Zimmer für alle im Dunkeln sein sollte. Nicht nur für mich alleine.

Gleich darauf klopfte es.

„Nein!", rief ich verzweifelt.

„Bitte, Leonie", sagte meine Mutter.

„Was willst du?"

„Mich bei dir entschuldigen."

Ich schwieg und meine Mutter kam herein. Sie erwähnte mit keinem Wort die Dunkelheit in meinem Zimmer.

„Es tut mir leid, Leonie", sagte sie nur. „Ich hätte dich nicht anschreien sollen ..."

Ich schwieg weiter.

„Und wenn du mit Frau Abrahamian nicht zurechtkommst, dann sagen wir den Kurs ab. – Aber du probierst es einfach mal aus, in Ordnung?"

Ich gab keine Antwort und am nächsten Tag kam Frau Abrahamian.

„Hallo, Leonie", sagte eine dunkle Stimme, nachdem ich ihre Schritte schon hatte näher kommen hören. „Ich heiße Laila Abrahamian und arbeite als Orientierungs- und Mobilitätstrainerin an der Louis-Braille-Blindenschule für Blinde und Sehbehinderte."

Ich schwieg zu dieser Information.

„Darf ich mich zu dir setzen?", fuhr Frau Abrahamian fort.

Ich zuckte mit den Achseln.

„Du hast es sehr dunkel hier drin, ich kann dich kaum erkennen."

Ich hörte, wie sie sich auf meinem Flokati niederließ. Ich selbst saß im Schneidersitz auf meinem Bett.

„Am besten erzähle ich dir erst einmal ein bisschen was über mich", sagte die fremde Frau. „Ich stamme aus der Türkei und bin neunundvierzig Jahre alt. Ich habe drei Söhne, die alle an derselben Augenkrankheit leiden. Zwei von ihnen sind bereits blind, nur mein Jüngster kann noch hell und dunkel auseinanderhalten. Mein Mann hat mich schon vor vielen Jahren verlassen, damals waren die Kinder noch klein. Er lebt heute wieder in Istanbul und hat dort zum zweiten Mal geheiratet. Er hat wieder einen Sohn und auch dieser Sohn ist stark sehbehindert."

Ich schwieg, aber ich hörte Frau Abrahamian zu.

„Du kannst mich duzen, wenn du möchtest", sagte sie schließlich. „Möchtest du?"

„Hm", machte ich, nachdem es eine Weile lang ganz still gewesen war. *Hm* hieß zwar nicht *Ja* und nicht *Nein*, aber Frau Abrahamian sagte dennoch: „Na, prima."

Und dann wollte sie mit mir nach draußen gehen.

„Ich habe dir einen Langstock mitgebracht", erklärte sie. „Hier, nimm ihn mal in die Hand."

Ich spürte, wie sie mir einen schmalen Stock in die Hand legte.

„Du kannst ihn zusammenschieben und in die Tasche stecken, wenn du ihn nicht brauchst, aber er ist dir im Freien eine gute Hilfe, denn mit ihm kannst du den Weg ertasten, den du gehen willst."

Eigentlich wollte ich den Stock empört von mir schleudern und Laila sagen, dass sie gefälligst verschwinden solle und dass ich meine Ruhe haben wollte, aber merkwürdigerweise tat ich es nicht.

„Gehen wir also ein Stück zusammen?", fragte Laila.

„Ja ...", antwortete ich leise.

Und dann verließen wir das Haus. Im Vorgarten begegneten wir Siemen, der an seinem Mountainbike herumschraubte. Das war ein vertrautes Geräusch, denn Siemen bastelte ständig an seinem Rad herum.

„Eben gab es Zeugnisse, Leonie", rief er, als er mich entdeckte. Mit keinem Wort erwähnte er den langen, dünnen Stock in meiner Hand, von dem ich nicht wusste, wie ich ihn halten sollte.

„Hm", machte ich wieder und spürte die Sonne auf meinem Gesicht. Es war ein furchtbares Gefühl, zu wissen, dass es um einen herum strahlend hell sein musste, man selbst aber trotzdem in pechschwarzer Finsternis stand.

„Deinen höchstpersönlichen Notenlappen bringt Janne nachher vorbei", fuhr Siemen gut gelaunt fort. „Ich habe sie auf dem Schulhof getroffen. Sie hat gesagt, du hast mal wieder ein Mordsglück gehabt und lauter gute Noten abgestaubt."

Siemen lachte leise. „Ist mir ein Rätsel, wie du das immer machst. Mein Zeugnis dagegen ist wieder ein absoluter Katastrophenbericht. Papa wird einen Anfall kriegen, wenn ich es ihm zeige. Und damit soll ich nächstes Jahr Abi machen. Ich werde eine Menge Bestechungsgelder zahlen müssen, um das hinzubekommen ..."

Wieder lachte er.

Ich lachte nicht. Ich atmete die warme Luft und fühlte die heiße Sonne auf meiner Stirn und roch das gemähte Gras vom Nachbargrundstück und hörte ein paar Vögel, die in irgendeinem Baum raschelten und leise piepsten. Plötzlich war ich trotz der Dunkelheit um mich herum froh, draußen zu sein.

„Wollen wir es also versuchen, Leonie?", fragte Laila in diesem Moment leise.

Ich nickte, und dann gingen wir los. Fast sofort verließ mich mein Mut wieder.

„Ich habe immerzu Angst, irgendwo dagegen zu laufen", flüsterte ich. „Und ich habe Angst, dass die Leute mich anstarren ..."

„Wenn du willst, kann ich dir meine Hand auf die Schulter legen. Viele Neuerblindete sagen, dass es sie beruhigt, wenn sie spüren, dass sie nicht alleine sind."

Im nächsten Moment spürte ich ihre Hand auf meiner Schulter.

„Und den Stock nimmst du am besten so", sagte Laila und schob ihn in meiner Hand zurecht. „So ist es gut", sagte sie zufrieden. „Denn jetzt kannst du gleich fühlen, ob der Weg vor dir frei ist."

Wir liefen die Straße entlang.

„Da vorne scheint ein Park zu sein", sagte Laila.

Ich nickte. Ja, dort vorne war allerdings ein Park. Hierhin hatte ich gehen wollen, damals, als wir dann doch in den Stadtwald gefahren waren.

Ich dachte an den kleinen Ententeich mit dem wackeligen Holzsteg. Ein paar Mal hatte ich dort gemalt. Einmal die Enten beim Herumschwimmen, einmal den Teich mit der Trauerweide dahinter und einem merkwürdig lila Himmel darüber – an dem Tag hatte es anschließend ein heftiges Gewitter gegeben – und einmal ein paar spielende Kinder auf der Wiese neben dem Teich. Damals hatte es mich nie gestört, wenn die Leute zu mir herüberschauten und mir beim Malen zusahen.

„Schauen mich die Leute an?", fragte ich Laila leise.

„Manche tun es, und manche nicht", antwortete Laila ruhig. „So ist das eben, Leonie. Viele Leute werden neugierig, wenn sie etwas sehen, was von ihrem eigenen engen Alltag abweicht. Sie schauen sich Verkehrsunfälle an und starren Menschen im Rollstuhl an und Zwillinge in Zwillingskinderwagen und Rothaarige und Bettler und hübsche Berühmtheiten und eben auch Blinde."

Ich nickte schwach und spürte plötzlich, dass ich Laila mochte.

Gerne hätte ich gewusst, wie sie wohl aussah.

13

Ich hatte Geburtstag. Am Abend davor hatte mich mein Vater gefragt, ob ich nicht Lust hätte, bis Mitternacht aufzubleiben und mit ihm und Mama und Siemen und Grandpa und Katie auf meinen Geburtstag anzustoßen.

„Und mit mir", rief Grischa dazwischen, empört darüber, dass er übergangen worden war.

Aber ich wollte nicht. „Ich bin müde", sagte ich. Aber dann lag ich doch bis Mitternacht wach. Um zwölf Uhr klingelte das Telefon. Meine Mutter nahm den Hörer ab und meldete sich. Gleich darauf klopfte sie leise an meine Zimmertür. „Leonie, bist du noch wach? – Frederik ist am Telefon ..."

Ich starrte in die Dunkelheit um mich herum und rührte mich nicht. Meine Mutter hatte das schnurlose Telefon bis an meine Zimmertür mitgebracht, denn ich hörte, wie sie zu Frederik sagte, dass ich wahrscheinlich schon schlafen würde. „Aber sicher bin ich nicht", fügte sie noch hinzu. „Vielleicht stellt sie sich auch nur schlafend." Ihre Stimme klang traurig, und dann entfernten sich ihre Schritte wieder.

Jetzt war ich also sechzehn ...

Und ich hatte mich immer auf diesen Tag gefreut. Ich hatte vorgehabt, in diesem Sommer zusammen mit Janne und Lara einen Tanzkurs zu machen. Und wir hatten den Plan gehabt, in den Ferien zu dritt mit dem Rad quer durch Holland zu fahren und Laras Vater in Amsterdam und Laras Großmutter in Den Haag zu besuchen. Und im Herbst hatte ich meinen Moped-Führerschein machen wollen.

Aber jetzt war alles aus. Unruhig und unglücklich wälzte ich mich in meinem Bett hin und her. Irgendwann trudelte ich in einen wirren Halbschlaf hinein. Ich träumte, ich wäre mit Janne in der Tanzschule und wir würden wie verrückt tanzen, aber plötzlich geschah etwas Furchtbares.

„Deine Augen! – Was ist mit deinen Augen?", schrie Janne erschrocken und starrte mich mit weit aufgerissenem Mund angstvoll an.

„Was soll denn mit ihnen sein?", stotterte ich und schaute mich nervös um. Keiner tanzte mehr. Alle standen um mich herum und sahen mich an. Ich fing an zu zittern. Was war mit mir? Warum guckten sie mich alle so merkwürdig an? Sie starrten entsetzt und angewidert in mein Gesicht. Ich hob die Hände und tastete mit den Fingern nach meinen Augen. Aber meine Augen waren verschwunden und meine Finger griffen stattdessen in tiefe klaffende Wunden, die nirgends zu enden schienen.

„Nein, nein, nein ...", flüsterte und schrie und schluchzte ich. Voller Panik schaute ich um mich. Was war nur mit meinen Augen passiert?

„Da liegen sie, Leonie!", rief Janne plötzlich und zeigte auf den hellen Parkettboden der Tanzschule. Ich schaute hinunter, und tatsächlich, da lagen meine Augen.

"Wie ist das möglich?", flüsterte ich entsetzt und bückte mich. Meine Augäpfel kullerten zuckend über den Boden und ich bekam sie nicht zu fassen.

"Du musst sie dir zurückholen, Leonie. Sofort!", schrie Janne. "Sonst verschrumpeln sie, so was geht ganz schnell ..."

"Aber ich schaffe es nicht", weinte ich und krabbelte zwischen den herumstehenden Jugendlichen herum. Keiner außer Janne kam mir zu Hilfe. Und da passierte es: Meine Augäpfel schnurrten plötzlich zusammen und sahen im nächsten Moment aus wie trockene Rosinen.

"Das war's dann wohl", meinte Janne achselzuckend.

"Verlier nicht den Mut", sagte Doktor Haselmayer, der plötzlich ebenfalls in der Tanzschule war und rätselhafterweise in einem Schaukelstuhl auf der Theke saß.

"Du musst dir dein Leben zurückholen", sagte ein weiß gekleideter Krankenpfleger und küsste meine zitternde Hand.

"Und iss ein paar walisische Cookies", fügte mein englischer Großvater hinzu und ging mit einem schweren Koffer vorüber. "Ich fahre zurück nach England. Du siehst nicht sehr hübsch aus ohne Augen, Leonie. Ich möchte mir das nicht länger anschauen müssen."

"Ich wünschte, ich könnte dir meine Augen geben!", rief meine Mutter, die plötzlich zwischen den wie versteinert dastehenden Jugendlichen auftauchte und sich einen Weg zu mir bahnte.

"Himmel, ist das hässlich, Leonie!", hörte ich Frederiks Stimme, obwohl ich ihn nirgends entdecken konnte. Wahrscheinlich war er in Berlin und sah mich von dort aus, schoss es mir unglücklich durch den Kopf. "Auf Wiedersehen, Leonie mit den Waldmeisteraugen ..."

Seine Stimme war immer leiser geworden, bis fast nur noch ein heiseres Flüstern von ihr übrig blieb.

Mit einem Ruck schreckte ich hoch und mein Gesicht war nass von Tränen. Zitternd lag ich da und versuchte, mich zu beruhigen. Im ganzen Haus war es jetzt still. Ich drückte auf meine Uhr.

„Es ist null Uhr siebenundzwanzig", informierte sie mich.

Ich runzelte verwirrt die Stirn, denn ich hatte angenommen, dass es schon viel später sein musste, aber anscheinend war seit Frederiks Anruf tatsächlich noch nicht einmal eine halbe Stunde vergangen. Ich versuchte, wieder einzuschlafen, aber ich war viel zu aufgeregt dazu. Außerdem musste ich zur Toilette. Langsam und vorsichtig erhob ich mich und ging auf den Flur hinaus.

Letztes Jahr um diese Zeit waren Janne und Lara bei mir gewesen, wir hatten mit halb vollen Sektgläsern auf meinen fünfzehnten Geburtstag angestoßen und eine Menge Spaß gehabt. Damals war Lara in Siemen verliebt gewesen und hatte ihn die ganze Nacht nicht aus den Augen gelassen. Mein Vater hatte damals an einem Kongress in München teilgenommen, aber meine Mutter hatte mit uns gefeiert, und nach Mitternacht hatten wir alle zusammen *Die Siedler von Catan* und anschließend Flaschendrehen gespielt. Ich erinnerte mich noch genau: Siemen musste einen alten, kitschigen Schlager von Udo Jürgens für Lara singen und dabei vor ihr knien wie ein liebeskranker Minnesänger, Janne fiel es zu, muhend und auf allen vieren durch das Haus zu kriechen, meine Mutter traf es, einen orientalischen Bauchtanz auf dem Küchentisch für uns aufzuführen, und ich musste schließlich dreimal rund um unser ganzes Haus rennen und dabei „Hey Pippi Langstrumpf" singen.

Benommen stand ich im Flur und klammerte mich mit einer Hand an das schmale Treppengeländer. Hier war ich vor genau einem Jahr lachend die Treppe hinuntergesprungen, um meine drei Pflichtrunden durch den Garten zu rennen – und was tat ich heute? Ich stand da, überflüssig geworden und vergessen, in völliger Finsternis, und suchte mir hilflos stolpernd und langsam wie eine lebensmüde Schnecke meinen Weg zur Toilette. Schließlich setzte ich meinen Weg vorsichtig fort. Nach wenigen Schritten erreichte ich die Schlafzimmertür meiner Eltern. Und plötzlich drang, nach all der Stille vorher, eine Stimme an mein Ohr. Aufhorchend blieb ich stehen. Meine Mutter weinte sehr leise und gedämpft.

„Beruhige dich doch, Helen", hörte ich meinen Vater sagen.

„Ich kann das einfach nicht mehr ertragen", schluchzte meine Mutter, und wie immer, wenn sie unglücklich war, sprach sie englisch.

„Es wird besser werden, ganz sicher wird es das", antwortete mein Vater auf Deutsch.

„Aber wann?", fragte meine Mutter und ihre Stimme klang trostlos.

„Es wird doch schon besser", sagte mein Vater. „Sieh mal, sie geht wieder nach draußen, sie hat dieses Mobilitätstraining begonnen, das ist ein Anfang, ein vielversprechender Anfang ..."

„Aber sieh sie dir an", weinte meine Mutter. „Ich kann es manchmal kaum ertragen, sie anzuschauen. Sie wirkt so hilflos und gebeugt und schwach."

„Das wird sich geben, wenn sie wieder ein bisschen Freude am Leben hat", versprach mein Vater.

Ich schluckte und lehnte mich schwer an die Wand. Ich fühlte mich so elend, dass ich das Gefühl hatte, nie wieder in diesem Leben auch nur einen Schritt gehen zu können.

„Und wenn sie nie wieder Freude am Leben findet, was dann?", fragte meine Mutter.

„Das wird nicht passieren", sagte mein Vater fest.

Für einen Moment war es ganz still im Schlafzimmer.

„Weißt du noch, heute vor sechzehn Jahren?", sagte meine Mutter schließlich. „Da war sie gerade ein paar Minuten alt und so hübsch und zart und schon hellwach."

„Ja, sie war ein viel hübscheres Baby als Siemen und Grischa", antwortete mein Vater. „Du lieber Himmel, sie war so süß, dass ich sie immerzu anschauen musste."

„Und ihre Augen sahen aus wie glänzende kugelrunde Murmeln", sagte meine Mutter, und dann sagte sie gar nichts mehr, stattdessen weinte sie wieder.

Langsam rutschte ich an der Wand hinunter, bis ich auf dem kühlen Dielenboden saß, und schlang meine Arme um die Knie. Ich zitterte vor Traurigkeit und Trostlosigkeit und weil es eine kühle Nacht war und hörte meiner Mutter beim Weinen zu.

Irgendwann schlief ich ein und wachte erst wieder auf, als mein Vater am frühen Morgen die Schlafzimmertür öffnete und fast über mich stolperte.

„Du lieber Himmel, Leonie!", rief er erschrocken. „Was machst du denn hier?"

„Ich ... ich ...", stotterte ich, richtete mich verstört auf und starrte in die Dunkelheit um mich herum. Im ersten Moment wusste ich gar nicht, wo ich war. Aber dann fiel mir alles wieder ein. Ich hatte Geburtstag. Ich war sechzehn. Ich hatte diesen schrecklichen Traum gehabt. Und dann hatte ich das nächtliche Gespräch meiner Eltern im Schlafzimmer belauscht.

„Komm, ich begleite dich in dein Zimmer", sagte mein Vater in diesem Moment sanft und nahm mich am Arm. „Wie konnte es nur passieren, dass du vor unserer Schlafzimmertür eingeschlafen bist?"

Ich gab keine Antwort darauf und stolperte stumm neben ihm her.

„Wie spät ist es denn?", fragte ich schließlich. „Ist schon Tag?"

„Ja, es ist kurz nach sechs", antwortete mein Vater. „Ich schlage vor, dass du jetzt duschst und dich anziehst, und anschließend starten wir ein allgemeines Wecken und frühstücken dann alle zusammen. Schließlich ist heute dein Geburtstag."

Ich hörte, wie er meinen Kleiderschrank öffnete. „Was soll ich dir heraussuchen?"

Ich zuckte mit den Achseln. „Ist doch ganz egal", murmelte ich. „Bitte, ich möchte noch eine Weile schlafen, ich fühle mich schrecklich."

„Nein, du hast genug geschlafen", sagte mein Vater stur. „Also, was willst du heute anziehen?"

Ich schwieg und biss die Zähne zusammen, um nicht loszuweinen.

„Antworte, Leonie", sagte mein Vater und rüttelte mich leicht am Arm. Es tat natürlich nicht weh, aber es fühlte sich ungeduldig und unerbittlich an und ich fing nun doch an zu weinen.

„Es ist in Ordnung, wenn du weinst", sagte mein Vater. „Aber ich muss trotzdem wissen, was du anziehen möchtest."

„Ist doch egal, was ich anziehe", murmelte ich erneut.

„Nein, das ist es nicht", antwortete mein Vater.

„Okay, okay", fauchte ich aggressiv. „Also, eine Jeans und ein T-Shirt, fertig. Sind Sie jetzt zufrieden, Herr Psychologe?"

„Welche Jeans? Und welches T-Shirt?"

Die Stimme meines Vaters klang merkwürdig ernst und eindringlich.

Ich ballte meine zitternden Hände zu Fäusten. „Was soll der Blödsinn?", schrie ich. „Gib mir meinetwegen die helle

Jeans, die, die auch Janne hat. Sie ist unterhalb des Knies mit lila Blumen bestickt."

„Prima, Leonie." Ich hörte, wie mein Vater eine Hose von einem Kleiderbügel zog.

„Und dazu, falls du es findest, dieses enge schwarze T-Shirt, das du mir im letzten Winter aus Paris mitgebracht hast ..."

Ich legte erschöpft meine Hände vor mein Gesicht und weinte weiter.

„Alles klar, hier ist es", sagte mein Vater, nachdem er kurz in meinem Schrank gekramt hatte, zufrieden. „Findest du dich mit Unterwäsche und Socken selbst zurecht?"

Ich nickte schwach.

„Also los", drängte mein Vater.

„Du kannst ruhig schon runtergehen", sagte ich grob. „Ich brauche keinen Aufpasser ..."

„Aber dann bestünde die Möglichkeit, dass du dich wieder in deinem Bett verkriechst wie eine Schnecke in ihrem Schneckenhaus, und das will ich nicht", antwortete mein Vater und blieb, wo er war. Ich konnte es an seinem Atem hören.

Ich seufzte und ging vorsichtig zu meinem Schrank hinüber. Mit zitternden Fingern öffnete ich die Schublade, in der meine Slips und BHs lagen. Mein schönster BH war lila und seine BH-Körbchen waren oben am Rand ein bisschen bestickt. Ich fand ihn fast auf Anhieb und zog ihn erleichtert heraus. Dann suchte ich mir einen Slip aus. Auf Socken verzichtete ich. Ich lief im Sommer oft barfuß.

„Na also", sagte mein Vater und wir gingen zusammen zum Badezimmer. Ich tastete nach meinem Bademantel und hängte ihn an den Haken neben der Duschkabine. Mein Vater legte meine Anziehsachen auf die kleine Kommode daneben.

Nachdem er mir das gesagt hatte, ließ er mich alleine, und ich schlüpfte unter die warme Dusche. Anschließend zog ich mich an und ging langsam und vorsichtig hinunter ins Wohnzimmer.

„Herzlichen Glückwunsch zum Geburtstag", sagte meine Mutter, als sie mich sah, und nahm mich in den Arm. „Wie schön du heute Morgen aussiehst, Leonie!"

Nichts an ihrem Ton verriet, dass sie noch in der vergangenen Nacht so geweint hatte.

Ich schluckte, und dann gratulierten mir auch meine Brüder und Katie und mein Grandpa.

„Erst Geschenke oder erst Frühstück?", fragte mein Vater.

Ich zuckte mit den Achseln. Ich hatte immer noch kein einziges Mal zusammen mit meiner Familie gegessen, seit ich blind war. Mir graute davor. Aber mir graute ebenfalls davor, unsicher und täppisch und ungeschickt wie ein Kleinkind meine Geburtstagspäckchen auszupacken. Dennoch entschied ich mich schließlich für die Geschenke. Ich roch den Duft von Rosen und den Geruch brennender Kerzen.

„Sechzehn gelbe Kerzen und sechzehn rote Rosen", sagte meine Mutter. Ich lächelte vage und tastete auf meinem Geburtstagstisch herum.

Sie schenkten mir eine Menge und in meinem Kopf begann sich bald alles zu drehen. Meine Eltern überreichten mir eine Armbanduhr für Blinde und eine Menge Hörbücher auf CDs. Außerdem bekam ich neue Anziehsachen und einen eigenen nagelneuen Computer.

„Er hat außer den normalen Windowsprogrammen ein Sprachprogramm, das dir alles, was auf dem Bildschirm steht, vorliest, und zusätzlich eine Braillezeile, mit der du arbeiten kannst, wenn du die Blindenschrift gelernt hast", erklärte mein Vater und ich wusste, er konnte es kaum erwarten den Computer anzuschließen.

Ich schwieg nervös und konnte mich kein bisschen freuen.

Mein Grandpa drückte mir ebenfalls ein schweres, großes Paket in die Hand. Darin war sein eigenes, altes Saxofon, von dem ich wusste, dass er es über alles liebte.

„Ich dachte, du hast vielleicht Lust, darauf spielen zu lernen", sagte er und streichelte über meine Wange.

„Danke ...", flüsterte ich.

Siemen schenkte mir drei kleine Päckchen. Ich wickelte sie nacheinander aus und hielt schließlich drei kleine Plastikfiguren in den Händen.

„Was ist das?", fragte ich ihn und befühlte die Figuren. Sie hatten alle dünne kleine Haken an den Plastikköpfen.

„Sind das Ohrringe?", fragte ich schließlich unsicher.

„Exakt erkannt", bemerkte Siemen zufrieden.

„Aber was sind das für Figuren?"

„Wird nicht verraten", antwortete Siemen schnell. „Los, Leonie, selbst ist die Frau ..."

„Idiot", murmelte ich düster und mein erster Impuls war, diese merkwürdigen, klobigen Ohrringe einfach zur Seite zu legen, aber dann tat ich es doch nicht. Stattdessen drehte ich sie nachdenklich in den Händen. Irgendwie kamen sie mir bekannt vor.

„Kann es sein, dass das hier ein Schlumpf ist?", fragte ich schließlich. „Und das ist Obelix?"

„Haarscharf kombiniert, Leonie!", rief Siemen anerkennend.

Ich lächelte schwach, aber die dritte Figur fand ich nicht heraus.

„Das ist Bart Simpson von den Simpsons, du Dummbeutel", erklärte Siemen.

Ich legte die drei merkwürdigen Ohrringe zu meinen anderen Geschenken auf den Geburtstagstisch. „Und du glaubst tatsächlich, ich würde mir einen Schlumpf oder den dicken Obelix oder den hässlichen Bart Simpson an die Ohren hängen?", fragte ich kopfschüttelnd.

„Warum nicht?", sagte Siemen. „Ich finde die Ohrringe witzig. Und außerdem: Einen schönen Menschen entstellt nichts – so heißt es doch, wenn ich mich nicht irre. Nicht mal Bart Simpson am Ohrläppchen ..."

Katie schenkte mir eine riesige Tüte amerikanischer Marshmallows und ein Flakon mit Parfüm.

Und von Grischa bekam ich eine Musik-CD, auf der er die schönsten seiner Geigenstücke aufgenommen hatte. Danach gab es Frühstück, das heißt, meine Familie frühstückte und ich saß mit dabei und merkte plötzlich, dass ich Kopfschmerzen hatte. Die Stimmen der anderen verschwammen in meinem Kopf zu einem wirren Rauschen und Summen. Ich schaffte es einfach nicht, ihrem Gespräch zu folgen, schläfrig und einsam und verwirrt saß ich bei ihnen, war aber gleichzeitig Welten von ihnen entfernt.

14

Mittags gab es Chili con Carne, mein Lieblingsessen.

„Ich habe keinen Hunger", sagte ich, als sich alle um den Tisch setzten.

„Ein bisschen was wirst du essen", entgegnete mein Vater.

„Nein."

Ich hörte, wie irgendjemand einen Teller vor mich hinstellte.

„Bitte, Leonie", sagte meine Mutter flehend.

Ich schüttelte den Kopf, dabei hatte ich Hunger, großen Hunger sogar.

„Hier ist dein Löffel", sagte mein Vater und drückte mir einen Löffel in die Hand.

„Ich will aber nicht", flüsterte ich.

„Es ist übrigens gar nicht schlimm, wenn du ein bisschen kleckerst, Leonie", sagte Grischa plötzlich. „Ich habe es nämlich heute Morgen beim Frühstück selbst mal ausprobiert und für eine Weile mit geschlossenen Augen gegessen. Mann, war das schwierig und kleckerig!"

Ich schluckte, und dann versuchte ich es. Vor meinen Eltern, vor meinen Brüdern, vor Katie und Grandpa. Ich aß langsam und vorsichtig, und ab und zu fühlte ich mit dem Zeigefinger der linken Hand, ob auch etwas auf meinem Löffel war, ehe ich ihn zum Mund führte, und es ging alles gut. Die anderen redeten und lachten und schienen sehr vergnügt zu sein, aber ich war mir sicher, dass sie mich verstohlen beobachteten.

Als mein Teller endlich leer war, atmete ich auf. Ich war erleichtert. Und ich glaube, die anderen atmeten ebenfalls auf.

Am Nachmittag kam eine Menge Besuch. Immerzu klingelte es an der Tür. Ich saß starr und benommen im Wohnzimmer auf unserem bunten Sofa und bewegte mich so wenig wie möglich. Ich hatte immer noch Kopfschmerzen. Im ganzen Haus roch es nach Blumen und Kerzen und Menschen.

Janne kam und brachte Lara mit.

„Hallo, Leonie", sagte Lara unsicher.

Ich schwieg und blieb, wo ich war.

Auch Tamara schaute für eine Weile herein. Sie erschien

fast gleichzeitig mit Laila Abrahamian, die mir einen riesigen Strauß Sonnenblumen mitbrachte.

„Fühl mal, Leonie", sagte sie. „Es sind die größten Sonnenblumen, die ich jemals gesehen habe. Ich habe sie selbst aus einem Feld geholt."

Ich spürte, wie Laila nach meinen Händen griff und sie zu den großen Blüten führte.

„Schön", sagte ich leise.

Auch meine Klassenlehrerin kam. Zuerst drückte sie mir nur die Hand, aber dann zog sie mich plötzlich zu sich und umarmte mich. Ich machte mich so klein wie möglich.

„Leonie, ich möchte, dass du weiter an unserer Schule und in meiner Klasse bleibst", sagte sie entschieden. „Du kommst jetzt in die zehnte Klasse und du bist eine gute Schülerin. Ich möchte, dass wir es versuchen. Was meinst du?"

In Gedanken sah ich Frau Walenta vor mir. Sie war schon recht alt und sie war sehr dünn und groß und hatte kurze steingraue Haare und eine große Hakennase. Sie galt als ziemlich unnahbar und war streng und humorlos.

„Ich weiß nicht", murmelte ich erschöpft.

„Du wirst die Blindenschrift lernen müssen", sagte sie und setzte sich an meine Seite. „Ich habe mich erkundigt. Du wirst sowohl zu Hause als auch in der Schule an einem speziellen PC arbeiten. Alles, was du schreibst oder lesen musst, wirst du an einer Blindenschriftzeile ablesen können. Es wird ein ziemliches Abenteuer werden, aber ich denke, wir werden es schaffen, du und ich ..."

„Ich weiß aber nicht, ob ich das will", sagte ich unsicher und mit gesenktem Kopf. Ich versuchte, mir das vorzustellen. Ich würde in unserem vertrauten Klassenzimmer sein, inmitten meiner alten Klassenkameraden, und während für sie alles war wie immer, würde ich zwischen ihnen sitzen, behindert und hilflos an einem eigens für mich angeschafften Blindencomputer.

Schließlich schüttelte ich abwehrend den Kopf, aber Frau Walenta reagierte nicht. Vielleicht sah sie gerade nicht in meine Richtung.

Kurz darauf kam überraschenderweise Mette zu Besuch.

„Hallo, Leonie", sagte sie und umarmte mich.

„Wer ist das denn?", hörte ich Lara Janne fragen.

„Keine Ahnung", antwortete Janne. „Vielleicht war sie mit Leonie im Krankenhaus."

„Sieht ja schlimm aus, was sie da im Gesicht hat", flüsterte Lara kaum hörbar. Ich war völlig verwirrt. Was hatte Mette im Gesicht?

„Ich habe meine Mutter mitgebracht", sagte Mette in diesem Moment.

„Schön, dich kennenzulernen, Leonie", sagte eine fremde Stimme, die Mettes Stimme ähnelte.

„Hallo", antwortete ich und biss mir auf die Lippen. Es war das erste Mal, dass ich mit jemandem sprach, der ebenfalls blind war.

„Mette hat mir viel von dir erzählt", sagte Mettes Mutter. „Aber ich habe keine Ahnung, wie viel du über mich weißt."

Ich schwieg.

„Ich bin schon blind zur Welt gekommen, weil aus irgendeinem Grund mein Sehnerv nicht vollständig vorhanden ist. Ich kenne die Welt also nur dunkel und für mich ist sie ganz in Ordnung so. Ich meine, ich vermisse nichts. Aber für dich ist es sicher schwer, habe ich recht?"

Ich nickte verlegen.

„Nicken bringt nichts, Leonie", sagte Mette und lachte ein bisschen. „Du musst schon antworten, wenn du mit jemandem sprichst, der nicht sehen kann."

Ich spürte, wie ich rot wurde.

„Ich bin Töpferin", fuhr Mettes Mutter munter fort. „Ich mache Skulpturen und Plastiken. Vielleicht hast du Lust, mir mal Modell zu sitzen, irgendwann. Ich habe ein schönes Atelier in der Innenstadt und gebe auch Kurse."

„Ich weiß nicht", murmelte ich verwirrt.

„Darf ich dein Gesicht ertasten?", fragte Mettes Mutter im nächsten Moment. „Oder ist dir das unangenehm?"

„Ich weiß nicht", sagte ich wieder und fühlte mich hilflos und überfordert.

Gleich darauf spürte ich ein paar kühle feste Finger in meinem Gesicht. Sie glitten über meine Stirn, meine geschlossenen Augen, meine Nase, meine Wangen, umkreisten meinen Mund und strichen für den Bruchteil einer Sekunde über mein Kinn.

„Schön", sagte Mettes Mutter anschließend. „Du hast ein schönes Gesicht. Schmal und zart und sensibel, aber auch ein bisschen aggressiv und zornig, eine gute Mischung."

„Willst du mal mein Gesicht fühlen?", fragte Mette und hatte plötzlich einen ganz eigenartigen Klang in der Stimme.

Ich schüttelte schnell den Kopf.

„Warum nicht?", fragte Mette.

„Ich will nicht, dass die anderen das sehen", sagte ich wiederstrebend.

„Gehen wir eben in dein Zimmer", schlug Mette vor. Ich zögerte noch einen Augenblick, aber dann verließen wir zusammen das Wohnzimmer.

„Schön hast du's hier", sagte Mette, als wir oben waren, und sie nahm einfach meine Hände und legte sie auf ihr Gesicht. Ich musste plötzlich an das denken, was Lara vorhin im Wohnzimmer zu Janne gesagt hatte. Zögernd fuhr ich mit meiner rechten Hand über Mettes Gesicht. Ihre hohe Stirn fühlte sich glatt und weich und normal an, aber unterhalb der Augen war die Haut lederig, hart und rau.

„Was ist das?", fragte ich erschrocken.

„Ich hatte vor fünf Jahren einen schweren Unfall", sagte Mette leise. „Mein Gesicht ist fast komplett verbrannt. Schon siebenmal bin ich seitdem operiert worden. Ich sehe schrecklich aus, Leonie."

Betroffen stand ich da. Ich hatte mir Mette mit ihrer klaren hellen Stimme die ganze Zeit zart und schön vorgestellt, niemals wäre ich darauf gekommen, dass sie in Wirklichkeit anders aussehen könnte.

„Viele Leute erschrecken, wenn sie mich zum ersten Mal sehen, und in der Schule gab es ein paar Jungen, die sich vor meinem Gesicht richtiggehend geekelt haben", fuhr Mette fort.

„Das tut mir leid", murmelte ich betroffen, und dann gingen wir schweigend zurück ins Wohnzimmer. Ich ließ mich wieder auf unser buntes Sofa sinken. Mette und ihre Mutter unterhielten sich jetzt mit meiner Mutter. Erschöpft lehnte ich mich zurück.

„He, Leonie", sagte plötzlich Lara und setzte sich neben mich. Sie schob ihre Hand in meine und drückte sie leicht. „Schön, dass es dir wieder besser geht."

Ich lächelte schwach und dachte an Laras hübsches Gesicht, das ein bisschen so war, wie ich mir Mettes Gesicht nach dem Klang ihrer Stimme vorgestellt hatte: schmal und ebenmäßig, mit einer kleinen geraden Nase und schönen, weit auseinander stehenden blauen Augen. Ihre Augenbrauen waren ziemlich dunkel und schön geformt, und ihre Haare waren hellblond und an den Spitzen ein kleines bisschen lockig.

„Kommst du nach den Sommerferien wirklich wieder in die Schule?", fragte Lara schließlich.

„Keine Ahnung", murmelte ich.

„Sag mal, wer ist denn eigentlich dieses hässliche Mädchen, mit dem du eben rausgegangen bist?", fuhr Lara im nächsten Moment fort und senkte die Stimme.

„Sie heißt Mette", antwortete ich knapp. „Und sie ist eine Freundin von mir."

„Tatsächlich?"

„Ja."

„Was hat sie denn angestellt? Sie sieht ja schlimm aus. Ich kann sie kaum angucken, ohne dass es mir kalt über den Rücken läuft ..."

„Dann guck doch einfach nicht hin", fauchte ich und wendete mich gereizt ab.

Lara schwieg einen Augenblick. „Entschuldigung", sagte sie dann vorsichtig. „Das war wohl eben ziemlich blöd von mir. Bist du jetzt sauer, Leonie?"

Ich zuckte mit den Schultern und wusste plötzlich, dass unsere Freundschaft nie wieder wie früher sein würde.

Ich war froh, als die Besucher sich nach und nach verabschiedeten.

„Bis nach den Ferien, Leonie", sagte Frau Walenta.

Ich schwieg.

„Bis demnächst, Leonie", sagte Lara und wollte mir wie früher einen kleinen Kuss auf die Wange geben, aber weil ich meinen Kopf in genau diesem Moment versehentlich in die falsche Richtung drehte, trafen wir uns nicht richtig. Stattdessen stieß Lara mit ihrer Nase gegen meine Schläfe. Wir zuckten beide verlegen zurück.

„Wir werden dir auf jeden Fall ganz viele Postkarten aus dem Urlaub schicken", sagte Janne und umarmte mich. „Euer Briefkasten wird überquellen, das verspreche ich dir ..."

Ich schwieg weiter. Eben erst hatte Janne mir gesagt, dass die Radtour durch Holland auch ohne mich stattfinden würde. Und dass an meiner Stelle jetzt Anna mitfahren würde. Anna ging ebenfalls in unsere Klasse, sie war ziemlich dick und schwerfällig und selbstgerecht und sie versuchte schon seit Jahren, sich in Jannes, Laras und meine Freundschaft hineinzudrängen. Jetzt hatte sie es anscheinend geschafft. Ich fühlte mich elend und ausgeschlossen.

„Bis morgen, Leonie", sagte Laila, als sie schließlich auch ging. „Du kannst dir ja schon mal überlegen, was du gerne unternehmen möchtest. Wir könnten in der Stadt bummeln gehen oder im Haus bleiben und zusammen etwas Leckeres kochen, ganz wie du Lust hast."

Ich nickte müde und unkonzentriert und hielt mich am Haustürrahmen fest.

„Und am Freitag kommt dann Henry zu dir", sagte Laila. „Henry ist ebenfalls blind und unterrichtet Blindenschrift und den Gebrauch der PC-Braillezeile. Er ist ein lustiger Kerl. Er ist übrigens blind, seit er vor zweiundzwanzig Jahren als winziges federleichtes Frühchen zur Welt kam."

Ich runzelte die Stirn und tastete mich zurück ins Haus. Benommen flüchtete ich in mein Zimmer und verkroch mich ins Bett. In meinem Kopf drehte sich alles. Mettes verbranntes Gesicht, die tastenden Finger von Mettes Mutter in meinem eigenen verletzten Gesicht, Laras abfällige Bemerkung über Mettes Äußeres, der Vorschlag meiner Lehrerin, ich solle weiter in meine alte Klasse gehen, die Radtour durch Holland, an der jetzt Anna teilnehmen würde, und der drohende Blindenschriftunterricht, vor dem ich mich schrecklich fürchtete.

Schwer wie ein Stein versank ich mal wieder in der ewigen Dunkelheit um mich herum. Wie aus weiter Ferne hörte ich irgendwann, dass jemand an meine Zimmertür klopfte.

„Leonie, hier ist noch einmal Besuch für dich!", rief meine Mutter vorsichtig.

„Ich kann nicht mehr", rief ich unfreundlich zurück.

„Es sind aber Frederik und Sebastian ...", sagte meine Mutter.

Ich zuckte zusammen und richtete mich entsetzt auf. Frederik war hier! Gestern Nacht hatte ich geglaubt, dass er aus Berlin anrief.

Er durfte mich nicht sehen, auf keinen Fall!

„Nein, Mama!" Meine Stimme kippte. „Nein, bitte, ich will nicht, dass Frederik mich ..."

Ich hörte, wie meine Tür aufging.

„Nein, nicht ...", flüsterte ich und schlug voller Panik meine Hände vor mein Gesicht.

„Leonie, ich bin es bloß", sagte meine Mutter und kam an mein Bett. Sie legte ihren Arm um mich.

„Wo ist er, Mama? Ist er hier?"

„Er und Sebastian sind unten im Wohnzimmer bei Siemen und Grischa."

„Warum ist er gekommen?"

„Weil du heute Geburtstag hast, Leonie. Ich nehme an, er will sich endlich mit dir aussprechen, er hat dich ja seit dem Unfall nicht mehr gesehen."

„Und so soll es auch bleiben, Mama, bitte."

Meine Stimme klang dünn, und ich merkte erst, dass ich weinte, als meine Wangen schon ganz nass waren.

„Aber du magst ihn doch, Leonie", sagte meine Mutter schließlich und streichelte die Tränen weg.

Ich schüttelte den Kopf, und dann nickte ich, und dann schüttelte ich wieder den Kopf.

„Bitte lass ihn nicht raufkommen, Mama", flüsterte ich.

Meine Mutter seufzte. „In Ordnung", sagte sie dann. Ihre Stimme klang traurig und ratlos.

„Versprich es mir", flehte ich.

„Ja, ich verspreche es dir", sagte meine Mutter. Aber mehr sagte sie nicht. Ich hörte, wie sie aufstand und durch mein Zimmer ging. An der Tür blieb sie noch einen Moment lang stehen, aber dann zog sie wortlos die Tür hinter sich zu.

Ich lag wie versteinert in meinem Bett und fühlte mich ganz taub und gelähmt im Kopf.

Frederik war da. Er war extra aus Berlin gekommen, um mich zu besuchen. Plötzlich tat mir mein ganzer Körper weh vor Verzweiflung, von Kopf bis Fuß. Ich wollte nicht blind sein! Ich wollte gesund sein und aufspringen und zu Frederik hinunterlaufen und ihn küssen und meine Arme um seinen Hals legen.

Ich spürte, wie mir wieder die Tränen über das Gesicht liefen. Und genau in diesem Moment hörte ich Schritte vor meiner Tür. Ich hielt den Atem an. Konnte das Frederik sein? Konnte es sein, dass meine Mutter ihr Versprechen gebrochen und ihn zu mir hinaufgeschickt hatte?

Jemand klopfte leise an.

„Nein!", rief ich schrill. „Nein!"

„Ich bin es bloß, Leonie", sagte Sebastians Stimme. „Darf ich reinkommen?"

Es war also gar nicht Frederik, der vor meiner Tür stand. Es war Sebastian, Frederiks schmächtiger Zwillingsbruder mit der Woody-Allen-Brille und den kranken blicklosen Augen, der im April versucht hatte, sich das Leben zu nehmen.

„Ja, komm rein", hörte ich mich plötzlich zu meiner eigenen Verwunderung sagen. Das Schrille in meiner Stimme war verschwunden.

„Hallo, Leonie", sagte Sebastian gleich darauf und kam mit langsamen, vorsichtigen Schritten näher.

„Hallo, Sebastian", antwortete ich.

„Herzlichen Glückwunsch zum Geburtstag."

„Danke."

Einen Augenblick lang schwiegen wir beide.

„Darf ich dich etwas fragen, Sebastian?", sagte ich dann in diese merkwürdige Stille hinein.

„Klar."

„Warum wolltest du dir ... das Leben nehmen?"

Ich hörte Sebastian atmen, unruhig atmen, und fast tat es mir schon wieder leid, dass ich ihn mit dieser Frage so überfallen hatte.

„Weil ich mich im Frühling ziemlich einsam und alleine gefühlt habe, schätze ich", sagte Sebastian schließlich zögernd. „Und weil ich damals begriffen habe, dass all diese Operationen mir nicht mehr helfen können. Ich wusste, ich würde blind werden, ganz und gar blind. Ich habe jeden Tag ein bisschen weniger sehen können, und das hat mich fast verrückt gemacht."

Ich nickte, aber dann erinnerte ich mich an Mettes Worte.

„Ja, das verstehe ich", sagte ich darum schnell.

„Und mit Frederik konnte ich darüber nicht reden", fuhr Sebastian fort. „Denn ich hatte damals so eine irre Wut auf ihn. Ich hätte ihn am liebsten umgebracht. Ich habe mir das Hirn darüber zermartert, warum er in allem Glück und ich in allem Pech haben muss."

Wieder wurde es still zwischen uns.

„Darf ich dich noch etwas fragen?", brach ich schließlich das Schweigen.

„Du kannst alles fragen, was du willst, Leonie", sagte Sebastian.

„Wie viel siehst du noch, jetzt im Moment? Siehst du mich?"

Sebastian seufzte. „Nur noch wie einen verschwommenen Schatten. Ich sehe Helligkeit und Dunkelheit und von Menschen, wenn sie nahe genug sind, undeutliche Umrisse. Das ist alles."

„Ich sehe gar nichts", sagte ich leise.

„Ich weiß", antwortete Sebastian. „In spätestens einem Jahr wird es mir genauso gehen."

„Immer nur Dunkelheit", flüsterte ich.

Plötzlich stand ich auf und tastete mich zu Sebastian hinüber. Einfach so lehnte ich mich für einen Moment an ihn. Er roch gut, ganz ähnlich wie Frederik.

„He, Leonie", sagte er irgendwann und schob mich vorsichtig von sich.

„Entschuldigung, Sebastian", sagte ich verlegen und tastete mich zurück zu meinem Bett.

15

Die Tage schlichen dahin. Ich ging mit Laila in den Stadtpark und in die Stadt, ich lernte Henry kennen und begann, ihn und den neuen Computer mitsamt der verwirrenden, unsichtbaren Tastatur und der noch verwirrenderen Brailleschriftzeile zu hassen. Ich verkroch mich immer noch am liebsten in meinem Zimmer, aber zu den Mahlzeiten musste ich jetzt hinunterkommen.

Irgendwann fuhr Siemen mit ein paar Freunden nach London, Grischa reiste mit seiner Orchestergruppe für zwei Wochen nach Österreich und mein Vater war beruflich in der Schweiz unterwegs. Es war seine erste Reise seit meinem Unfall.

Janne schickte mir wie versprochen eine Menge Postkarten, aus Arnhem, Utrecht, Alkmar, Amsterdam, Rotterdam und Den Haag und einer Menge anderer Städte, von denen ich noch nie etwas gehört hatte. Lara und Anna kritzelten unter jede Karte ihre Namen, aber das war auch alles. Meine Mutter las mir die Karten morgens beim Frühstück vor, aber ich hörte gar nicht richtig hin. Auch Frederik und Sebastian schickten mir Ansichtskarten. Sie waren mit ihren Eltern in New York, Frederik, um Ferien zu machen, und Sebastian, weil es in New York eine Spezialklinik gab, in der seine Augen untersucht werden sollten.

„... war aber alles umsonst", schrieb er mir. „Gestern habe ich meine Brille in den Hudson River geworfen, wo sie versunken ist. Sie ruhe in Frieden. Das Ding war sowieso längst unnütz ..."

Ich saß vor meinem unsichtbaren Computer, als meine Mutter mir Sebastians Karte vorlas.

„Soll ich dir jetzt Frederiks Karte vorlesen?", fragte meine Mutter.

Ich schüttelte den Kopf. Ich wollte nicht an Frederik denken.

„Okay, dann machen wir mal weiter", sagte Henry, der neben mir saß und meine Finger über die PC-Tastatur zwang.

„Ich habe aber keine Lust mehr."

„Du hast nie Lust", brummte Henry.

So ging es hin und her zwischen uns.

Und immer wieder endete der Blindenschriftunterricht in heftigem Streit.

„Ich will nicht mehr! Ich hasse diesen Mist!", schrie ich manchmal. Aber viel öfter brach ich einfach in Tränen aus. Einmal schlug ich sogar mit geballten Fäusten auf der Tastatur herum. „Wenn ich doch nur ein einziges Mal sehen könnte, wie die Buchstaben stehen", schrie ich verzweifelt. „Nur einen einzigen Blick will ich auf diese blöden Buchstaben werfen, das ist doch wohl nicht zu viel verlangt!"

Dann waren die Sommerferien plötzlich zu Ende. Und der Sommer schien genau zur selben Zeit zu Ende zu gehen. Am letzten Ferientag begann es, wolkenbruchartig zu regnen. Ich lauschte nachdenklich auf das laute Prasseln der Regentropfen, die gegen mein Fenster schlugen. So hatte es auch am Tag unseres Unfalls geregnet. Trotzdem hatte ich den Klang von wildem Regen immer noch gerne.

Plötzlich wollte ich hinaus. Ich ging zum Telefon und tippte Jannes Nummer in den Hörer.

„Janne, ich gehe in den Park, kommst du mit?", fragte ich und hatte Herzklopfen.

„Klar komme ich mit", sagte Janne. „Wir werden allerdings klatschnass werden."

„Egal", meinte ich, und wir verabredeten, dass Janne mich abholen kam. Es würde das erste Mal sein, dass ich ohne Laila oder meine Mutter auf die Straße ging.

Aufgeregt schlüpfte ich in meine Jacke und tastete nach meinem Blindenstock, der wie immer neben der Garderobe an der Wand lehnte.

„Du willst rausgehen?", fragte meine Mutter.

Ich nickte.

„Alleine?" Die Besorgnis in ihrer Stimme war nicht zu überhören.

„Nein, mit Janne."

In diesem Moment klingelte es schon und meine Mutter öffnete die Tür.

„Hallo, Janne", sagte sie. Und dann geschah das Unglaubliche. Meine Mutter begann Janne einzuschärfen, worauf sie alles zu achten habe, wenn sie mit mir unterwegs war.

„Du musst auf die Bordsteine aufpassen und Leonie rechtzeitig Bescheid sagen. Und denk an die Radfahrer, die fahren manchmal so unvorsichtig und rücksichtslos. Und gib acht auf die Autos, die aus den Ausfahrten –"

„Mama, hör auf!", rief ich entsetzt. Und dann packte ich Janne, die direkt neben mir stand, am Arm. „Komm, lass uns abhauen", sagte ich eindringlich und gereizt.

Und dann gingen wir, aber meine Stimmung war wieder ganz unten.

„Warum hast du dich eigentlich gar nicht gemeldet, nachdem du wieder aus Holland zurück warst?", fragte ich Janne, bei der ich mich eingehakt hatte.

„Wir waren nach Holland noch für ein paar Tage in Berlin bei Frederik und Sebastian", sagte Janne.

„Wer wir?", fragte ich misstrauisch.

„Lara, Anna und ich", sagte Janne.

Ich blieb stehen. „Ihr wart zu dritt bei Frederik und Sebastian?", wiederholte ich.

„Ja."

Ich merkte, wie mir ganz elend wurde. „Wie geht es Frederik denn?", fragte ich schließlich leise.

„Er macht sich natürlich Sorgen um dich", erzählte Janne. „Er sagt, er hat sich wochenlang die Finger wund gewählt, um dich mal zu sprechen, aber du willst nichts mehr mit ihm zu tun haben. Er war richtig in dich verliebt im Frühling, Leonie, und er glaubt, du gibst ihm die Schuld an dem, was passiert ist, weil er es war, der auf die blöde Idee mit diesem Ausflug gekommen ist ..."

„Aber so ist das nicht", stotterte ich. „Er soll mich nur nicht so sehen, so hilflos und kaputt. Er soll mich in Erinnerung behalten, wie ich früher war."

Der Regen regnete auf unsere Köpfe und es roch nach Herbst.

„Jedenfalls war er wochenlang schlecht drauf deinetwegen, aber jetzt hat er diese kleine Loveaffair mit Anna angefangen und es geht ihm etwas besser, glaube ich ..."

„Er ist mit Anna zusammen?", unterbrach ich Janne fassungslos.

„Na ja, so ein bisschen wenigstens. Sie sind drauf gekommen, dass sie beide Italienfans sind und eine Leidenschaft für Calamares haben. Außerdem hören sie gerne Gustav Mahler und stehen auf die Comedian Harmonists. Das schien fürs Erste zu reichen. Aber ich glaube nicht, dass es ihm mit Anna so ernst ist, wie es ihm mit dir war, Leonie."

„Er ist wirklich mit Anna zusammen?", wiederholte ich und hatte das Gefühl, die Welt um mich herum wäre nicht mehr nur dunkel, sondern auch noch mit einem schmerzhaften Ruck plötzlich stehen geblieben.

Frederik, lieber Frederik, weißt du noch, wie du „Leonie, Leonie, Leonie ..." gesagt hast, und weißt du noch, unser Staudamm und der verletzte Fuchs im Wald, weißt du noch, wie oft wir zusammen Himbeereis mit Sahne gegessen haben, und denkst du noch daran, wie wir uns geküsst haben?

„Was heißt das, sie haben eine *Loveaffair*?", flüsterte ich schließlich und klammerte mich an Jannes Arm. „Haben sie sich geküsst?"

„Na ja, ein bisschen schon", antwortete Janne vorsichtig. „Am vorletzten und letzten Abend."

Ich sah Annas rundes Gesicht vor mir und ihr selbstgefälliges einfältiges Lächeln und die Grübchen in ihren Pausbacken und ihre braunen strubbeligen Haare und ihren spöttischen Blick. *Wie war es nur möglich, dass Frederik sie gern haben konnte?*

Aber wahrscheinlich war die kugelrunde langweilige Anna immer noch besser als ein hilfloser Krüppel wie ich.

„Ich will nach Hause, bitte", sagte ich tonlos zu Janne.

Und dann drehten wir um und gingen zurück.

„Bist du sauer wegen Frederik und Anna?", fragte Janne leise. Ich zuckte zusammen. Schon die drei Worte *Frederik und Anna* taten mir weh, aber ich schüttelte trotzdem den Kopf.

Und dann standen wir vor unserem Haus.

„Wollen wir im Trockenen weiterquatschen?", fragte Janne.

Ich schüttelte zum zweiten Mal den Kopf.

„Aber du kommst doch morgen tatsächlich wieder in die Schule?", vergewisserte sich Janne.

Ich nickte widerstrebend.

„Soll ich dich abholen?", fragte sie.

Ich zuckte mit den Schultern. Und dann drehte ich mich wortlos um und ging in unseren Vorgarten. Janne stand immer noch still auf dem Gehweg, und ich spürte, dass sie mir hinterherschaute. Da straffte ich meine Schultern und lief ein bisschen schneller. Ich wollte nicht behindert aussehen, ich wollte normal aussehen und normal sein. Und da passierte es: Ich stolperte über irgendetwas und stürzte!

„Leonie!", rief Janne und im nächsten Augenblick war sie bereits bei mir. „Leonie, hast du dich verletzt?"

Und ich hatte mich verletzt. Ich hatte mir das rechte Handgelenk verstaucht und ein Knie aufgeschlagen.

Ich war über Grischas Fußball gestolpert, den er versehentlich im Garten liegen gelassen hatte.

Janne blieb den restlichen Tag bei mir, in der Krankenhausambulanz, in die wir mit meiner Mutter fuhren, und danach zu Hause in meinem Zimmer. Dabei sprach ich während der ganzen Zeit kein einziges Wort. Aber bis zum Abend erfuhr ich dennoch drei Neuigkeiten in Sachen Liebe. Die erste vertraute mir Janne an. Sie hatte jetzt ebenfalls einen Freund. Seit ein paar Tagen ging sie mit Konstantin, der in unserer Klasse war und den sie in der vergangenen Woche ganz zufällig beim Kieferorthopäden im Wartezimmer getroffen hatte.

Die zweite Neuigkeit erfuhr ich von Siemen. Er hatte sich gestern endgültig von Tamara getrennt, weil er sich bis über beide Ohren in ein anderes Mädchen verliebt hatte. Und darüber waren sowohl Tamara als auch Katie Crawford in wildem Zorn entbrannt.

Die dritte Neuigkeit erzählte mir meine Mutter. „Sebastian hat angerufen, Leonie", sagte sie. „Stell dir vor, er hat jetzt eine Freundin. Sie haben sich in einem Workshop für Blinde und Sehbehinderte kennengelernt."

Ich schwieg und schwieg und schwieg.

So war das also: Frederik hatte Anna. Janne hatte Konstantin. Siemen hatte ebenfalls eine neue Freundin. Und sogar Sebastian hatte plötzlich jemanden.

Nur ich war übrig geblieben. Für mich interessierte sich einfach niemand mehr.

16

Es hatte eine Menge Wirbel gegeben, bis sich das städtische Schulamt und die Schule und meine Lehrer alle miteinander einverstanden erklärt hatten, mich wenigstens probeweise weiter in meiner alten Klasse am Unterricht teilnehmen zu lassen. Aber schließlich hatte es doch geklappt. Dabei fand ich mich auf dem PC immer noch nicht richtig zurecht und mit der Blindenschrift lief es noch viel schlechter.

„Soll ich nicht lieber mitkommen?", fragte meine Mutter beim Frühstück.

„Nein", sagte ich leise. Ich war müde und aufgeregt und unausgeschlafen, denn ich hatte die halbe Nacht wachgelegen und an Frederik gedacht. Und an die Schule. Und daran, wie alle mich anstarren würden. Und an die vertrauten Gänge und Räume, die ich nie mehr sehen würde.

Grischa, der erst morgen eingeschult werden würde, saß ebenfalls am Frühstückstisch. Aber ganz gegen seine Gewohnheit war er mucksmäuschenstill.

„Ich glaube, ich kann sie schon ein bisschen", sagte er plötzlich und griff nach meiner Hand. Im nächsten Moment legte er meine Finger auf eines der verhassten Pappkärtchen, die Henry für mich mitgebracht hatte und mit denen ich die Brailleschrift lernen sollte.

„Haus, Sonne, Baum, Garten ...", las Grischa zufrieden.

Wütend zog ich meine Hand zurück. „Lass mich, Mister Superschlau", fauchte ich, und als es gleich darauf klingelte, floh ich aus der Küche und aus dem Haus und machte mich zusammen mit Janne auf den Weg zur Schule. Ich zitterte vor Angst.

Es regnete und ein kühler Morgenwind wehte, der schon ein bisschen nach Herbst roch. Ich hatte mir meinen schwarzen Eastpak-Rucksack über die Schulter geworfen und Siemens alte, abgewetzte Jeansjacke angezogen. Außerdem trug ich ein paar neue Turnschuhe, die Siemen mir aus London mitgebracht hatte. Sie waren aus einem weichen Samtstoff und in einem gelbschwarzen Tigermuster. Vor den Augen hatte ich meine schwarze Blues-Brothers-Sonnenbrille – auch ein Geschenk von Siemen.

„Gut siehst du aus", sagte Janne.

In der Hand hielt ich meinen Blindenstock. Kurz vor der Schule trafen wir die anderen.

„Hallo, Leonie", sagte Lara.

„Hallo", antwortete ich und lächelte in Laras Richtung.

„Hallo, Leonie", sagte Anna.

Ich zuckte zusammen und erwiderte nichts.

„Los, es klingelt gleich", sagte Janne und hakte sich bei mir ein. Vorsichtig setzte ich einen Fuß vor den anderen und versuchte, mich auf den Weg zu konzentrieren. Wir gingen über den Hof, und gleich darauf erreichten wir unseren Bungalow, in dem die Oberstufe ihre Klassenzimmer hatte.

„Achtung, Stufe", warnte mich Janne.

Ich nickte und wir betraten das geduckte graue Gebäude. Ich hörte unsere Schritte auf dem Fußboden hallen und es zerriss mich innerlich fast, hier zu gehen und mich an jeden Zentimeter dieses Flurs zu erinnern, aber dennoch in dieser völligen Finsternis festzustecken.

„Okay, wir sind da", sagte Janne, und dann betrat ich unseren Klassenraum. Auf einen Schlag wurde es ganz und gar still.

Zitternd stand ich da und wusste nicht, was ich tun sollte.

„Komm, setzen wir uns", sagte Janne leise in diese schreckliche Stille hinein. Aber ich konnte mich nicht rühren, konnte keinen Schritt tun. Aus einer hinteren Ecke des Raumes vernahm ich ein Flüstern, sehr leise, und dann war es wieder still, besorgniserregend still. Noch nie hatte ich meine Klasse so still erlebt.

Plötzlich hörte ich hinter mir Schritte, und gleich darauf berührte mich jemand am Arm.

„Hallo, Leonie", sagte Konstantins Stimme.

„Hallo", sagte ich leise.

„Mensch, komm doch rein", fuhr Konstantin munter fort und nahm mich am Arm. „Da vorne in der Fensterreihe hat die Walenta den PC für dich hingestellt."

Konstantin zog mich mit sich. „Was ist denn los mit euch?", fragte er verwundert in die Stille um uns herum. „Was sitzt ihr da wie komplett erstarrte Ölgötzen? Ihr habt doch gewusst, dass Leonie heute wiederkommt."

Konstantins Worte lösten den Bann. Plötzlich schwirrten eine Menge Stimmen durcheinander.

„Leonie, wir haben dir Blumen auf deinen Platz gestellt", rief Karlotta.

„Und an der Tafel steht: *Willkommen zurück!*", rief Jonas.

„Tolle Schuhe hast du", sagte Maja und drückte für einen Moment meine Hand.

„Schön, dass du wieder da bist", meinte Özkan und klopfte mir auf die Schulter.

Gleich darauf kam Frau Walenta in die Klasse.

„Da bist du also wieder, Leonie", sagte sie und für einen Moment lang befürchtete ich, sie würde mich wieder umarmen wie an meinem Geburtstag, aber das tat sie nicht. Ich atmete auf und tastete nach meinem Stuhl.

Und dann begann der Unterricht. Einfach so, als wäre gar nichts Besonderes. Frau Walenta diktierte den neuen Stundenplan.

„Ich schreib ihn für dich ab", sagte Janne leise.

Ich nickte.

„Die Musik- und Kunstkurse bleiben, wie sie sind, nehme ich an", sagte Frau Walenta. „Oder will jemand wechseln?"

Schweren Herzens hob ich die Hand.

„Ich muss wohl wechseln", sagte ich leise und ließ mich dieses Schuljahr für den Musikunterricht eintragen.

„Chor oder Orchester?", fragte Frau Walenta.

„Orchester."

„Welches Instrument spielst du?"

„Saxofon", sagte ich mutig.

„Sehr schön." Frau Walenta schien zufrieden.

Um zehn Uhr klingelte es und mein erster blinder Schultag war um. Wir gingen in den Hof hinunter. Janne und ich liefen Hand in Hand.

„Ist ja toll, wie gut du klarkommst", sagte Özkan anerkennend. „Meine Oma in der Türkei hat Diabetes und sie ist auch so gut wie blind, aber seit sie nichts mehr sieht, weigert sie sich, das Haus zu verlassen. Sie sitzt immer nur mit einer Leichenbittermiene in ihrer Küche herum und ist wütend auf die ganze Welt."

Ich nickte schwach, ich konnte Özkans türkische Oma gut verstehen.

Der vertraute Lärm auf dem großen Schulhof tat mir gut. Ich stand mit den anderen vor unserem Bungalow und es hatte aufgehört zu regnen. Zuerst unterhielten wir uns über die vergangenen Ferien und irgendwann fragte mich Karlotta zögernd nach meinem Unfall. Danach redeten wir von anderen Unfällen, und als ich mich gerade ein bisschen aufgehobener fühlte, kam Anna.

„Wer will heute Nachmittag mit ins Kulturzentrum?", fragte sie. „Sie zeigen *Gilbert Grape* in der Originalversion, da muss ich einfach hin. Die englische Stimme von Johnny Depp ist so niedlich ..."

Karlotta und Maja sagten sofort zu.

„Und was ist mit dir, Janne?", fragte Anna und drängelte sich zwischen uns.

„Ich weiß nicht", sagte Janne unschlüssig, dabei wussten wir alle, wie gerne Janne Filme mit Johnny Depp sah. „Eigentlich wollte ich heute Nachmittag zu Leonie ..."

Ich machte eine abwehrende Geste. „Geh ruhig mit", sagte ich schnell. „Ich kann heute sowieso nicht." Ich dachte an Henry, der mich am Nachmittag wieder mit dem Blindenalphabet quälen würde.

„Okay", sagte Janne und am Klang ihrer Stimme war nicht genau zu erkennen, ob sie erleichtert war. Und auch Lara sagte zu. Und Konstantin. Und Jonas.

Plötzlich drehte sich alles um Filme, die in der letzten Zeit gelaufen waren und die die anderen gesehen hatten. Ich schwieg und hörte zu.

„Vielleicht können wir abends noch ins *Mensch-verlässt-Erde* gehen?", schlug Maja irgendwann vor. Das *Mensch-verlässt-Erde* war eine Diskothek, in der wir oft zusammen gewesen waren. Und in die die anderen natürlich weiterhin gehen würden. Plötzlich fühlte ich mich wieder sehr einsam. Ich gehörte eben doch nicht mehr richtig dazu.

„Willst du auch mitkommen, Leonie?", fragte Janne.

Gerade als ich den Kopf schütteln wollte, rief Anna dazwischen: „Bist du komplett verrückt, Janne? Wie sollte das denn gehen, bitte sehr? Da würde sie doch über kurz oder lang zerquetscht oder zertrampelt werden, wenn sie, ohne was zu sehen, auf der Tanzfläche herumstolpert ..."

Plötzlich war es wieder fast so still wie vorhin in der Klasse.

„Anna von Schwarzmühl, du bist wirklich ein dämlicher, unsensibler Torfkopp", sagte Konstantin schließlich ärgerlich.

Mir war ganz kalt geworden. *Wie konnte Frederik Anna nur mögen?*

Ganz langsam drehte ich mich um und zog im Laufen Siemens Jeansjacke fester um mich.

„Warte, Leonie, ich begleite dich nach Hause", rief Janne, aber ich schüttelte den Kopf, ich wollte alleine sein. Langsam ging ich über den Schulhof und ertastete mir meinen Weg mit dem Blindenstock. Zum ersten Mal war ich ganz alleine unterwegs – ich hatte damals keine Ahnung davon, dass Janne und Konstantin mir in sicherem Abstand folgten. Still und leise und vorsichtig bahnte ich mir meinen Weg. Mein Stock glitt an der Gehwegkante entlang. Ein paar Mal kam ich trotzdem vom Weg ab, einmal stolperte ich die Bordsteinkante hinunter und ein andermal kam ich mit dem Fuß an eine Hauswand. Der Schweiß brach mir aus. Dann stieß ich gegen einen Briefkasten, der an der Hauswand neben der kleinen Bäckerei hing und in den ich, schon solange ich denken konnte, meine Briefe einwarf. Ich rieb mir die Brust, der Stoß hatte richtig wehgetan.

„Mama, was hat denn das Mädchen?", hörte ich eine Kleinkinderstimme.

„Das Mädchen ist blind", antwortete eine junge Frauenstimme. Ich zuckte zusammen, ich konnte diesen Satz immer noch nicht ertragen.

„Kann ich dir helfen?", fragte mich im nächsten Moment dieselbe Frauenstimme.

Ich schüttelte den Kopf. „Nein, danke", sagte ich leise. „Ich schaffe das schon selber."

Eilig ging ich weiter, dabei zitterten meine Knie so sehr, dass ich damit rechnete, jeden Moment zusammenzubrechen. Wo war nur die Kreuzung, die ich überqueren musste, um zur Brentanoallee zu gelangen? Ich hörte die Autos, die dicht neben mir vorüberfuhren. Irgendwann blieb ich zögernd stehen. Die Dunkelheit um mich herum machte mich müde und ließ mich verzweifeln. War ich hier richtig? Konnte ich an dieser Stelle die Straße überqueren oder nicht?

Plötzlich packte mich jemand am Arm. „Komm, Mädchen, ich helfe dir", sagte eine Männerstimme und ich spürte warmen Atem in meinem kalten Gesicht.

„Nein, bitte lassen Sie mich los", sagte ich erschrocken und zog meinen Arm zurück.

„Ja willst du dich denn totfahren lassen?", fragte der Mann.

Ich schüttelte stumm und ablehnend den Kopf und machte ein paar Schritte nach hinten.

„Na, dann eben nicht", sagte der Mann gereizt und ging davon. Ich atmete auf und lauschte wieder auf den Straßenverkehr. Ein paar Augenblicke später war die Straße still. Ganz langsam hob ich meinen Stock, streckte ihn aus und trat vom Bordstein auf die Straße hinunter. Genau da schoss wieder ein Auto heran. Entsetzt blieb ich stehen; das Auto fuhr an mir vorüber und der Autofahrer darin hupte mich mehrmals an. Ich zitterte und setzte mich für einen Moment auf die Bordsteinkante. Aber dann zwang ich mich dazu, wieder aufzustehen. Erneut streckte ich meinen Blindenstock aus, und diesmal passierte nichts. Vorsichtig überquerte ich die unsichtbare Straße. Wie weit es wohl von der einen Bordsteinkante bis zur anderen war? Ging ich womöglich schräg und konnte deshalb den sicheren Bordstein nicht ertasten? Aber dann fand ich ihn doch, allerdings waren es meine Füße, die ihn fanden und nicht mein Blindenstock. Ich taumelte und wäre fast gestürzt.

„Verdammt, verdammt, verdammt ...", flüsterte ich verzweifelt, aber ich hatte es geschafft. Langsam ging ich weiter. Wo genau war ich jetzt bloß?

Schließlich blieb ich unschlüssig stehen. Ich merkte, wie ich die Orientierung verlor.

Plötzlich hörte ich neben mir Schritte.

„Entschuldigung?", murmelte ich.

„Ja ...?", antwortete mir eine Stimme.

„Bin ich hier in der Nähe der Brentanoallee?"

„Oh nein, du lieber Himmel, die Brentanoallee ist ein gutes Stück weiter hinten", sagte die unsichtbare Stimme, die zu einer älteren Frau gehörte. „Soll ich dich vielleicht hinbringen?"

Ich nickte, und da nahm die Frau ganz leicht meinen Arm und führte mich.

„Hier beginnt die Brentanoallee", sagte sie schließlich. „Wo genau möchtest du denn hin, mein Kind?"

„Ich will nach Hause, aber von hier aus schaffe ich es wieder alleine", sagte ich. „Danke für Ihre Hilfe."

„Nichts zu danken", sagte die Frau, und dann ging sie davon. Und ich ging nach Hause. Ich hatte es geschafft.

Aber am Nachmittag fiel ich erneut in ein dunkles Loch. Es begann damit, dass Henry kam und ich wieder einmal die Fassung verlor, weil ich mich mit dem Blindenalphabet einfach nicht zurechtfand.

„Ich will nicht mehr, ich kann wirklich nicht mehr", sagte ich nach ein paar vergeblichen Versuchen düster und dachte an Janne und die anderen, die jetzt im Kino waren und ihren Spaß hatten.

„Mensch, Leonie, nun gib dir doch mal ein bisschen Mühe", sagte Henry gereizt.

„Ich hasse diesen Blödsinn aber", fauchte ich.

„Mit dieser Einstellung wirst du die Brailleschrift nie lernen."

„Vielleicht will ich sie ja auch gar nicht lernen ..."

„Das wäre allerdings ziemlich dumm von dir", sagte Henry kühl.

„Na und?", schrie ich und schleuderte wütend Henrys Unterlagen von meinem Schreibtisch.

Und da ging Henry.

Und ich blieb in meinem Zimmer zurück und weinte.

Meine Eltern waren nicht zu Hause. Mein Grandpa war vor ein paar Tagen zurück nach Wales geflogen und Katie

Crawford war mit Tamara, mit der sie sich in der letzten Zeit angefreundet hatte, unterwegs. Grischa war zur Geigenstunde gegangen.

Nur Siemen war nebenan, er hatte sich mit seiner neuen Freundin Lena in sein Zimmer zurückgezogen und mir gesagt, dass er nur im alleräußersten Notfall gestört werden wollte.

Wie ein gefangenes Tier lief ich in meinem Zimmer hin und her. Und dann passierte es: Ich spürte, wie ich völlig die Fassung verlor! Es begann damit, dass ich beim Herumtigern gegen meine Staffelei stieß, die daraufhin zu Boden krachte. Ich hörte Holz splittern, sie musste ungünstig gefallen sein. Ich blieb stehen. Die Staffelei hatte ich erst vor einem Jahr bekommen. Vorher hatte ich eine ganz einfache wackelige Staffelei gehabt, aber zu meinem fünfzehnten Geburtstag hatte mein Vater mir dann diese teure edle Staffelei geschenkt. Und jetzt war sie kaputt.

So kaputt wie ich. Und wie meine Träume. Und meine Beziehung zu Frederik. So kaputt wie mein Leben ...

Wild begann ich, auf ihr herumzutrampeln. Und danach schleuderte ich meine Ölfarbentuben durch mein Zimmer. Und meine Kohlestifte. Und den Aquarellfarbkasten. Und die Blechdose mit meinen Pinseln. Und meine Bücher, die ich nie mehr würde lesen können. Und meine CDs, die ich nicht mehr auseinanderhalten konnte. Ich machte einen Riesenlärm, und irgendwann merkte ich, dass ich nicht mehr alleine in meinem Zimmer war.

„Wer ist da?", rief ich böse.

„Ich bin es", sagte Siemen ruhig. „Und Lena ist auch hier."

„Hallo, Leonie", sagte Lena.

„Verschwindet!", schrie ich. „Raus! Sofort raus aus meinem Zimmer!"

„Mensch, Leonie ...", begann Siemen und in diesem Moment kam mir eine schreckliche Erkenntnis: Ich hatte Siemens Gesicht nicht mehr deutlich vor Augen. Seine Augen, seine Nase, sein Mund, seine blonden Haare, irgendwie war das alles schon noch da in meiner Erinnerung, aber ich kriegte es nicht mehr richtig zusammen, es ergab kein ganzes Bild mehr ... Wie war das möglich?

„Siemen ...", schluchzte ich. „Siemen, ich hasse mein Leben. Ich wünschte, ich wäre tot. Ich will nicht blind sein. Was für einen Sinn hat mein Leben denn jetzt noch? Ich bin allen eine Last. Dir und Mama und Papa und Janne und Frederik ... eben allen. Ich wünschte wirklich, ich wäre bei diesem verdammten Unfall gestorben."

Ich weinte, weinte, weinte wie ein kleines Kind, und Siemen nahm mich in den Arm und wiegte mich auch so, als wäre ich ein kleines Kind.

Und Lena war plötzlich verschwunden.

„Warum ist sie einfach weggegangen?", fragte ich Siemen viel später. Wir saßen zusammen auf meinem Flokati und um uns herum musste eine Riesenunordnung sein von all dem, was ich herumgeschmissen hatte wie eine Verrückte.

„Keine Ahnung", sagte Siemen.

Aber genau in diesem Moment kam Lena zurück.

„He, Leonie, ich habe etwas für dich", sagte sie und drückte mir etwas Kleines, Weiches in die Hand. „Vorsicht, er kratzt ziemlich", sagte sie.

Und so bekam ich Tigger. Siemens neue Freundin Lena schenkte ihn mir.

17

„Eine kleine Katze?", fragte ich verwundert und streichelte das winzige Tier, das zitternd auf meiner Hand saß und leise maunzte.

„Ja, meine Katze hat vor acht Wochen fünf Katzenbabys bekommen", erklärte Lena und ich spürte, wie sie sich neben mich setzte. Sie begann nun ebenfalls, die kleine Katze zu streicheln, unsere Finger stießen dabei ein paar Mal aneinander.

„Es ist ein kleiner Kater", sagte Lena. „Er ist rot getigert und hat einen winzigen weißen Fleck auf der Stirn. Ich finde ihn von allen fünf Kätzchen am niedlichsten."

„Und warum willst du ihn mir schenken?", fragte ich und runzelte die Stirn. „Wenn du ihn so süß findest, solltest du ihn selbst behalten."

„Für zwei Katzen haben wir zu Hause nicht genug Platz", erklärte Lena. „Und Tigger wollte keiner haben, die anderen vier Katzenbabys sind alle gestern abgeholt worden."

„Wieso wollte ihn denn niemand?", fragte ich verwundert, während sich der kleine Kater auf meinem Schoß zu einer winzigen, flauschig weichen Kugel zusammenrollte und laut zu schnurren anfing.

„Fühl mal in seinem Gesicht", sagte Siemen und ich hörte, wie er die Unordnung um uns herum aufräumte.

Verwirrt tastete ich nach Tiggers kleinem Kopf. Ich musste plötzlich an Mette denken. War mit Tigger etwas nicht in Ordnung? Aber Lena hatte doch gesagt, er sei niedlich.

Tigger begann, mit seiner kleinen rauen Zunge meine Finger zu lecken.

„Was ist denn mit seinem Gesicht?", fragte ich.

„Es sind seine Augen", sagte Lena. „Er hat sie nicht geöffnet. Blind geboren werden ja alle Katzenbabys, aber nach ein paar Tagen öffnen sie normalerweise die Augen. Aber Tigger hat das nicht getan. Ich war mit ihm beim Tierarzt, und der hat festgestellt, dass Tiggers Augen nicht in Ordnung sind und dass er darum niemals seine Augenlider öffnen wird."

„Der Tierarzt wollte ihn einschläfern", sagte Siemen.

Genau in diesem Moment begann der kleine blinde Kater, in meinem Schoß vergnügt herumzuzappeln. Ganz vorsichtig tastete ich erneut nach seinem kleinen Kopf. Ich fuhr mit meinen Fingerspitzen über Tiggers Gesicht und fühlte nach seinen Augen. Sie waren tatsächlich geschlossen und hinter den weichen, zarten Augenlidern rührte sich nichts.

„Lieber, blinder Tigger", flüsterte ich leise.

„Liebe, blinde Leonie", sagte Siemen, beugte sich von hinten über mich und umarmte mich für einen Moment.

Ich schluckte. „Danke", sagte ich dann zu Lena.

„Gern geschehen", sagte Lena.

Und plötzlich fühlte ich mich wohl, zum ersten Mal seit langer, langer Zeit.

Ich schenkte Grischa meine Malsachen.

Ich begleitete ihn, zusammen mit meinen Eltern, zu seiner Einschulung.

Ich ging gemeinsam mit Laila in den Supermarkt und kaufte Katzenkinderfutter für Tigger.

Ich bändigte Hobbes, der am Anfang sehr erbost über Tiggers Anwesenheit war.

Ich ging vormittags mit Janne in die Schule und nachmittags übte ich ergeben mit Henry die Brailleblindenschrift.

Ich begann auch, Saxofon zu spielen, und tröstete Grischa, als sein uralter russischer Geigenlehrer ganz plötzlich starb.

„Ich kann ohne Herrn Belyí nicht vergnügt sein", weinte Grischa und verkroch sich in seinem Hochbett. Vorsichtig kletterte ich hinter ihm die steile Leiter hinauf und setzte mich neben meinen schluchzenden kleinen Bruder. Ich streichelte seinen schmalen, dünnen Rücken und dachte daran, wie Grischa damals im Krankenhaus zu mir ins Bett gekrabbelt war und mich getröstet hatte. Grischa musste ebenfalls daran gedacht haben, denn plötzlich richtete er sich ein bisschen auf und sagte leise: „Wahrscheinlich werde ich irgendwann doch wieder vergnügt sein, auch ohne Herrn Belyí, du bist ja auch wieder vergnügt, ohne etwas zu sehen. Wenigstens manchmal ...", fügte er nach einer kleinen Pause hinzu. Dann umarmte er mich und streichelte meine geschlossenen Augen, so wie ich manchmal Tiggers geschlossene Augen streichelte. Grischa war der Einzige, der meine Augenlider berühren durfte.

Eines Tages vertraute ich Siemen an, dass ich dabei war, die Einzelheiten seines Gesichtes zu vergessen. Da nahm er meine Hände und legte sie in sein Gesicht. Zuerst sträubte ich mich.

„Stell dich nicht an, blindes Huhn", sagte Siemen streng und umklammerte meine Handgelenke. Und schließlich ertastete ich vorsichtig sein Gesicht, so wie Mettes Mutter meines ertastet hatte. Ich hatte Herzklopfen dabei, aber es war trotzdem ein schönes Gefühl.

An diesem Abend schliefen Janne und Estella bei mir. Seit heute hatten wir Herbstferien und gestern war Katie Crawford zurück nach New Jersey geflogen.

„Wollen wir etwas unternehmen?", fragte Janne, kaum dass sie mein Zimmer betreten hatte.

„Ich weiß nicht", sagte ich und wehrte Tigger ab, der sich immerzu auf meine Füße stürzte und seine kleinen scharfen Krallen in meine Socken bohrte. Ich hatte ihm vor ein paar Tagen ein Halsband mit einem Glöckchen daran umgebunden, damit ich immer wusste, wo er war.

„Wie wäre es mit Kino?", schlug Janne vor.

Ich zuckte zusammen. „Kino?", wiederholte ich erschrocken.

„Ja, warum nicht?", sagte Janne. „Im Kulturzentrum zeigen sie *Manche mögen's heiß*. Den kennst du doch, oder?"

Ich nickte nachdenklich.

„Also, hast du Lust oder nicht?"

Ich war mir nicht sicher, aber Janne und Estella überredeten mich schließlich, und wir fuhren mit dem Bus in die Stadt. Ich war plötzlich sehr vergnügt, aber als wir an der Kinokasse standen, hörten wir, wie sich ein paar Mädchen, die ein Stück weiter hinten in der Warteschlange standen, leise über mich unterhielten.

„Die da vorne ist blind, oder?", flüsterte eine von ihnen.

„Klar, sie hat doch so einen weißen Stock in der Hand und außerdem dieses Blindenzeichen am Jackenärmel", sagte eine andere, schon ein bisschen weniger leise.

„Warum geht wohl jemand, der nichts sieht, ins Kino? Das ist doch völlig bescheuert", sagte eine dritte Stimme.

Ich senkte den Kopf und hätte mich am liebsten auf der Stelle in Luft aufgelöst. In dem Moment drückte Janne ganz leicht meine Hand. „Jetzt reg dich bloß nicht über diese blöden Kühe auf", sagte sie halb laut. „Wenn du willst, gehe ich hin und sag ihnen, dass sie ihre einfältigen Nasen gefälligst nicht in anderer Leute Angelegenheiten stecken sollen. Aber eigentlich sind sie nicht mal das wert …"

Dann kauften wir die Karten und suchten unsere Sitzplätze. Es wurde ein schöner Abend. Jack Lemmon und Tony Curtis und Marilyn Monroe waren Josephine und Daphne und Sugar, und der Film war genauso schön und lustig wie früher, und ich fühlte mich in dem dunklen Kino fast gesund.

Ein paar Tage später feierte Karlotta ihren sechzehnten Geburtstag.

„Konstantin und ich holen dich um sieben Uhr ab, in Ordnung?", sagte Janne am Telefon. Ich saß in meinem Zimmer auf dem Flokati und Tigger schnurrte auf meinem Schoß. Tigger, der nicht springen und rennen lernen wollte, sondern am liebsten schlief oder langsam und vorsichtig durch die Gegend tappte und sich nur sicher fühlte, wenn man mit ihm zusammen im Bett lag oder auf dem weichen Teppich saß, wo er auf einem herumtollen und seine Krallen ausprobieren konnte.

Lieber, blinder Tigger.

„Okay", sagte ich. Karlotta hatte mir gesagt, dass sie Anna nicht zu ihrer Geburtstagsfeier eingeladen hatte.

Aber dann kam Anna doch. Ich saß gerade mit einem Glas Cola in der Hand zwischen Maja und Özkan in Karlottas Zimmer auf einer Matratze, als sie erschien.

„Herzlichen Glückwunsch, Karlotta", sagte sie und in mir zog sich alles zusammen. Ich stellte mir vor, wie Frederik Anna in Berlin geküsst hatte und dass sie sich dabei ganz sicher an ihn gekuschelt und er vielleicht *Anna, Anna, Anna* in ihr Ohr geflüstert hatte. Welche Augenfarbe Anna wohl hatte? Ich hatte früher nie darauf geachtet. Die stämmige Anna war mir immer ziemlich gleichgültig gewesen, oder höchstens ein bisschen lästig, wenn sie versuchte, sich zwischen mich und Janne zu drängen. Nie hätte ich geglaubt, dass sie mich mal so unglücklich machen würde. Und dass ich mich ihr gegenüber so hilflos fühlen würde. Und so erniedrigt.

Ich ballte meine Hände zu Fäusten und sprach kein einziges Wort mehr. Ich fühlte mich mal wieder ganz und gar außerhalb; und ohne etwas zu sagen, hatte ich auch überhaupt keine Chance, jemanden wiederzufinden. Özkan saß plötzlich nicht mehr neben mir, dafür jemand anders, aber wer? Es waren einfach zu viele Stimmen und zu laute Musik um mich herum, um erkennen zu können, wer wer war.

Benommen stand ich schließlich auf und flüchtete. Wo, um Himmels willen, war bloß Janne? Ich versuchte, sie ausfindig zu machen, aber es funktionierte nicht.

Anstelle von Janne traf ich Karlottas älteren Bruder; und er hatte eine Flasche Ouzo mitgebracht und die teilte er mit mir, nachdem ich aus Karlottas Zimmer gestolpert und in der Diele mit ihm zusammengestoßen war.

„He, süße Leonie", hatte er in mein Ohr geflüstert. „Deine sommersprossige Nase habe ich ja eine Ewigkeit nicht mehr gesehen."

Karlottas Bruder hieß Manuel und er war schon neunzehn. Ich konnte mich nur noch vage an sein Gesicht erinnern, aber ich wusste, er war hübsch wie Karlotta und früher einmal deutscher Juniorenmeister im Kickboxen gewesen.

Ich schwieg, aber ich ließ mich von ihm mit in sein Zimmer ziehen. „Keine Angst, ich führe dich", sagte er und legte seinen Arm fürsorglich um meine Schulter. Und dann teilten wir uns die Ouzoflasche und Manuels Hand war plötzlich nicht mehr auf meiner Schulter, sondern unter meinem T-Shirt. Mir war schwindelig und ich stellte mir vor, Manuels Hand wäre Frederiks Hand. Die Hand tastete nach meinen Brüsten. Aber plötzlich wurde mir auf einen

Schlag klar, dass Manuels Hand einfach nur Manuels Hand war und nicht die von Frederik.

„Nicht ...", flüsterte ich erschrocken und wand mich aus seinem Arm.

„Komm, nur ein bisschen schmusen ...", sagte Manuel.

„Nein, ich will nicht!", sagte ich und meine Stimme hörte sich betrunken an.

„Sei doch froh, dass ich überhaupt etwas von dir will, du Blindschleiche", fuhr mich Manuel plötzlich unfreundlich an und seine Stimme klang ebenfalls betrunken.

Zitternd erhob ich mich und floh aus seinem Zimmer. In meinem Kopf drehte sich alles. Aufgeregt suchte ich eine Toilette, und als ich sie endlich fand, übergab ich mich und saß hinterher müde und erschöpft und leer und gedemütigt auf dem Boden neben der Toilettenschüssel wie ein verwundetes Tier, das den Kampf ums Überleben aufgegeben hat.

Irgendwann schlief ich einfach ein.

Es war schon weit nach Mitternacht, als sie mich fanden. Karlottas Vater fuhr mich nach Hause.

Am anderen Morgen wollte ich nicht aufstehen, ich fühlte mich wie erschlagen, alles tat mir weh. Tigger spazierte maunzend über mein Gesicht und wollte gestreichelt werden, aber ich rührte mich nicht. Ein paar Mal schaute meine Mutter herein.

„Leonie, nun steh schon auf", drängte sie.

Ich musste immerzu daran denken, wie ich mit Manuel in sein Zimmer gegangen war und wie er mich geküsst und angefasst hatte. Warum hatte ich nicht sofort protestiert? Warum hatte ich nicht viel früher die Flucht ergriffen?

Ich fühlte mich schmutzig und gedemütigt.

Sei doch froh, dass ich überhaupt etwas von dir will, du Blindschleiche ...

Ein wilder Herbstregen prasselte gegen mein Fenster. Irgendwann hörte ich das Telefon klingeln, und gleich darauf kam meine Mutter erneut in mein Zimmer.

„Janne ist am Telefon, Leonie", sagte sie und wollte mir den schnurlosen Hörer in die Hand drücken.

„Ich kann nicht ...", murmelte ich kraftlos.

„Dann sag das Janne selbst, verflixt noch mal", fauchte meine Mutter gereizt, warf das Telefon neben mir auf die Bettdecke und schloss geräuschvoll die Tür hinter sich. Zögernd tastete ich nach dem Hörer und hob ihn ans Ohr.

„Leonie?", rief Janne.

„Hm ...", machte ich.

„Leonie, in drei Tagen haben Frederik und Sebastian Geburtstag. Sie werden achtzehn. Ich habe von Lara gehört, dass Anna Frederik überraschen will, sie fährt übermorgen ganz früh nach Berlin."

Ich spürte, wie ich wieder anfing zu zittern. „Warum erzählst du mir das?", fragte ich schließlich fast tonlos.

„Ich dachte, du solltest es wissen", erklärte Janne knapp.

„Warum?"

„Weil *du* hinfahren solltest, Leonie ..."

Ich lachte kurz auf und mein Lachen klang schrecklich. Verächtlich und böse und fast ein bisschen hysterisch. „Eine tolle Idee, Janne", fauchte ich anschließend wütend, drückte mit bebenden Fingern den Ausschalteknopf des Telefons und schleuderte den Hörer quer durch mein unsichtbares Zimmer.

Kurz darauf klingelte es an der Haustür. Es war Janne, ich hörte, wie sie mit meiner Mutter sprach, und gleich darauf kamen ihre Schritte die Treppe hoch und im nächsten Moment flog meine Zimmertür auf.

„Mensch, Leonie", rief Janne ärgerlich und ließ sich neben mich auf mein Bett plumpsen. Ich rührte mich nicht.

„Was ist hier überhaupt los?", seufzte Janne nach einer kurzen, stillen Weile und rüttelte ungeduldig an meiner Schulter. „Deine Mutter tut, als wärst du wieder ein Wickelkind, und du tust, als wärst du gar nichts mehr ... Das geht mir wirklich auf die Nerven!"

„Keiner zwingt dich, deine Zeit mit mir zu vergeuden", erwiderte ich böse und zog mir meine Bettdecke über den Kopf.

„Ich habe dir etwas mitgebracht", sagte Janne und zerrte die Decke wieder nach hinten. Ich hörte, wie sie eine Schachtel aufriss und mit Geschirr und Besteck klapperte. „Los, Mund auf", kommandierte sie schließlich.

„Ich habe keinen Hunger und außerdem esse ich nichts, von dem ich nicht weiß, was es ist", sagte ich und versuchte, meiner Stimme einen festen, würdevollen Ton zu verleihen.

„Es ist Himbeereis, Frederik-und-Leonie-Eis, sozusagen", sagte Janne leise und ein leises Klirren verriet mir, dass sie das Schälchen auf meinem Schreibtisch abgestellt hatte. „Verflixt, Leonie, jetzt hol dir doch dein Leben wieder zurück!"

Zum dritten Mal dieser Satz, der mich sonst immer zur Weißglut brachte. Aber diesmal wurde ich nicht wütend. Diesmal machte er, dass ich mich aufsetzte und an Janne lehnte.

„Okay, essen wir Himbeereis", flüsterte ich.

„Okay", sagte Janne erleichtert. „Und was dann, Leonie?"
Ich zuckte mit den Schultern.

„Mal sehen ...", erwiderte ich schließlich und strich mir eine wirre Haarsträhne aus dem Gesicht.

18

Zuerst erzählte ich Janne von Manuel und was er auf Karlottas Geburtstagsfeier getan und gesagt hatte.

„Dieser abscheuliche, scheußliche, widerliche Idiot!", rief Janne. In genau diesem Moment flog meine Zimmertür auf.

„Wer ist da?", fragte ich erschrocken.

„Es sind Hobbes und Tigger", antwortete Janne verblüfft. „Und ob du es glaubst oder nicht, Leonie, Hobbes ist für Tigger auf die Türklinke gesprungen, um ihm die Tür zu öffnen."

„Hobbes?", wiederholte ich. So etwas hatte Hobbes noch nie getan. Aber es war so, und was wir alle nicht geschafft hatten, der kleine scheue Tigger hatte es geschafft – er hatte den großen grämlichen Hobbes gezähmt. Seite an Seite kamen sie zu mir ins Zimmer gelaufen, Lara kommentierte ihren Einzug wie eine Sportjournalistin, und während Hobbes ächzend auf meine Fensterbank sprang, wo er noch nie gelegen hatte, kletterte Tigger vorsichtig zu mir ins Bett.

„Leonie, ich finde, du solltest zu Frederiks Geburtstag nach Berlin fahren, und das habe ich auch deiner Mutter gesagt." Janne drückte mir die Schale Himbeereis in die Hand. „Aber sie war natürlich entsetzt und hat mich für komplett verrückt erklärt."

Ich lehnte meinen Kopf gegen die Wand hinter meinem Rücken. „Es ist ja auch verrückt", sagte ich bedrückt. „Wie sollte das gehen? Und ich weiß ja nicht einmal, ob Frederik überhaupt noch etwas von mir wissen will. Jetzt, wo er ... Anna hat."

„Das kannst du nur rausfinden, wenn du endlich zu ihm gehst, Leonie", sagte Janne ungeduldig.

„Würdest du denn mitkommen nach Berlin?", fragte ich vorsichtig.

„Das geht leider nicht", sagte Janne. „Meine Mutter verreist morgen für die ganze restliche Woche und ich habe Emily am Hals."

Emily war Jannes dreijährige Schwester. „Aber was ist mit Siemen?", überlegte sie dann laut.

Ich schüttelte den Kopf. „Siemen ist mit Lena nach Amsterdam gefahren", murmelte ich.

„Mist", entfuhr es Janne.

Wir schwiegen beide eine Weile. Und die einzigen Geräusche in meinem Zimmer war Hobbes' und Tiggers Schnurren.

Hobbes, der bisher so gut wie nie geschnurrt hatte, gab tiefe und grummelige Geräusche von sich und Tigger schnurrte sanft und zart, so wie kleine Katzenbabys eben schnurren. Es klang schön und friedlich, und ich streichelte für einen Moment mit der Spitze meines Zeigefingers Tiggers winziges Kinn.

„Janne, dann fahre ich eben alleine!", murmelte ich dann entschlossen und kletterte aus meinem Bett.

Janne sagte kein Wort, aber sie stand ebenfalls auf und lehnte ihre Stirn gegen meine Stirn. Dann gingen wir zusammen ins Badezimmer.

„Ich könnte dir die Haare ein bisschen schneiden", schlug Janne vor. „Du siehst ziemlich zerzaust aus."

Ich nickte und Janne schnitt drauflos, bis meine Haare sehr, sehr kurz geworden waren. Ich fuhr mir mit den Fingern hindurch und runzelte die Stirn.

„Steht mir das auch wirklich, Janne?", fragte ich misstrauisch.

„Ja, unbedingt", antwortete Janne. „Und wenn wir sie jetzt noch blond färben, siehst du aus wie Annie Lennox."

Weil wir natürlich kein Färbemittel im Haus hatten, gingen Janne und ich einkaufen. Wir schlenderten nebeneinander die Brentanoallee entlang und ich war diesmal viel zu aufgeregt, um deprimiert zu sein. Wir gingen in den Supermarkt, in dem ich mit Laila einkaufen geübt hatte, und erstanden eine Schachtel Blondiercreme.

Meine Mutter sah mich erst am Abend, als Janne und ich zum Essen hinunterkamen.

„Leonie, du siehst wunderschön aus!", rief sie auf Englisch und zum ersten Mal seit einer Ewigkeit klang ihre Stimme nicht traurig und angespannt. Janne kniff mich unter dem Tisch ins Bein.

„Habe ich es nicht gesagt?", flüsterte sie zufrieden.

Janne blieb über Nacht und wir schliefen kaum, weil wir so viel zu besprechen hatten. Und am Morgen war ich so schrecklich aufgeregt, dass ich kaum ein Wort herausbrachte.

„Meine Eltern werden allerdings durchdrehen, wenn sie erfahren, dass ich mutterseelenalleine nach Berlin gefahren bin", flüsterte ich Janne nervös zu.

„Ich werde ihnen alles erklären", flüsterte Janne zurück und drückte meine eiskalte Hand.

„Und ob Frederik sich freuen wird, weiß ich auch nicht", murmelte ich bedrückt und wäre am liebsten zurück in mein Bett gekrochen. Aber dort lagen bereits Hobbes und Tigger einträchtig nebeneinander und schliefen.

Ich strich ihnen also nur über das Fell und schlüpfte dann in meine schöne lilablumige Jeans und in einen engen schwarzen Pullover. Dann zog ich die tigergemusterten Samtturnschuhe an und tastete nach meiner schwarzen Blues-Brothers-Brille.

„Und hier kommt Bart Simpson", sagte Janne und drückte mir den Bart-Simpson-Ohrring in die Hand.

Ich nickte und steckte mir den verrückten Ohrring ins Ohrläppchen.

„Wie sehe ich aus?", fragte ich dann.

„Schön, wirklich schön. Richtig schön", sagte Janne und gab mir meine gepackte Reisetasche.

Dann schlichen wir uns aus dem Haus und fuhren mit einem Taxi zum Bahnhof. Janne half mir, eine Fahrkarte zu kaufen, und brachte mich zum Zug.

Zitternd stieg ich ein.

„Bis in drei Tagen, Leonie", rief Janne. „Pass gut auf dich auf ..."

Jetzt klang ihre Stimme doch ein bisschen besorgt.

Aber im nächsten Moment klappte die Zugtür bereits zu und ich war alleine.

Ich fuhr durch die unsichtbare Welt und fühlte mich eigenartig. Ich konnte nichts essen und nichts trinken, ich saß einfach nur starr auf meinem Sitzplatz und eigentlich hatte ich furchtbare Angst, aber trotzdem ging es mir nicht richtig schlecht.

Ich hatte schon jetzt etwas geschafft. Ab und zu tastete ich nach meiner Blindenarmbanduhr, und hin und wieder hielt der Zug an einem Bahnhof.

Und dann war ich da. Vorsichtig stieg ich aus dem Zug und die Frau, die die letzten Stunden neben mir gesessen hatte, brachte mich zum Taxistand auf dem Bahnhofsvorplatz.

Ich hatte Herzklopfen und bedankte mich für ihre Hilfe. Dann kletterte ich in ein Taxi und nannte dem Fahrer Frederiks Adresse.

Ich fuhr durch unsichtbare Straßen und Stadtteile und irgendwann hielt das Taxi an.

„Da wären wir", sagte der Taxifahrer und zog die Handbremse. Ich reichte ihm einen Zwanzigeuroschein und steckte das Wechselgeld in meine Hosentasche.

„Könnten Sie mich vielleicht noch zum Haus bringen und mir die richtige Klingel zeigen?", bat ich ihn.

„Klar", sagte der Taxifahrer. Nebeneinanderher gingen wir zu dem Haus, in dem Frederik und Sebastian mit ihren Eltern wohnten.

Aufgeregt drückte ich auf den Klingelknopf. Als der Türöffner summte, ging ich ins Haus. Ich war schon früher hier gewesen, und ich wusste, dass Frederik im allerobersten Stockwerk wohnte. Langsam und vorsichtig stieg ich die Treppe hinauf, Stufe für Stufe. Wer wohl oben an der Wohnungstür sein würde? Plötzlich hatte ich wieder Angst. Was tat ich hier nur? Frederik würde an seinem achtzehnten Geburtstag Besseres vorhaben, als sich mit einem schwerfälligen, blinden Mädchen abzugeben, das er früher mal gemocht hatte, weil es waldmeistergrüne Augen hatte.

Dann war ich oben – und plötzlich wusste ich, wer an der Tür stand und mir entgegenschaute. Dabei war es ganz still auf dem Treppenabsatz.

„Da bin ich, Frederik", sagte ich leise und klammerte mich an das Treppengeländer. Mir war auf einmal furchtbar schwindelig. Vor Angst und vor Unruhe und vor Verlegenheit und vor Sehnsucht.

„Leonie ...", sagte Frederik. „Liebe, schöne Leonie."

Dann schwieg er wieder und ich schwieg auch und wir standen einfach nur so da und taten gar nichts. Es kam mir vor wie eine halbe Ewigkeit.

Aber dann spürte ich, wie Frederik auf mich zuging.

„Ich kann dir gar nicht sagen, wie sehr ich dich vermisst habe. Ich bin fast verrückt geworden vor Sehnsucht", flüsterte er, und ich wartete darauf, dass er mich vielleicht in den Arm nehmen würde, aber das tat er nicht. Dabei stand er so nah vor mir, dass ich seinen Atem in meinem Gesicht fühlen konnte. Ich machte einen winzigen vorsichtigen Schritt auf ihn zu und legte meine Arme um seinen Hals.

Und da sagte Frederik: „Leonie, Leonie, Leonie ..."

Epilog

Leonies heimliche Reise nach Berlin wurde zu einem Wendepunkt in ihrem Leben. Zum ersten Mal hatte sie als Blinde etwas ganz alleine bewältigt. Zu Hause gab es natürlich große Aufregung, als Leonies Mutter begriff, was passiert war und dass ihre blinde Tochter ganz alleine und nur auf sich selbst gestellt irgendwo in einem Zug nach Berlin unterwegs war.

Leonie blieb trotzdem eine ganze Woche bei Frederik und feierte mit ihm und seiner Familie und seinen Freunden seinen achtzehnten Geburtstag.

In diesen Tagen lernte sie auch Sebastians ebenfalls blinde Freundin kennen und freundete sich mit ihr an. Zusammen mit ihr wagte sie sich immer weiter aus ihrem dunklen Schneckenhaus hinaus.

„Eigentlich bist du, wie du immer warst", sagte Frederik am ersten Abend und seine Stimme klang erleichtert. Dabei streichelte er mit seinen Fingerspitzen Leonies Stirn und ihre Augenbrauen und den Rest ihres Gesichtes. Irgendwann dann tasteten seine Finger vorsichtig und behutsam nach Leonies Augen und fuhren sanft darüber.

„Leonie mit den längsten Wimpern der Welt", sagte er leise.

Da fing Leonie an zu weinen.

„Sag noch mal ‚Leonie mit den Waldmeisteraugen'", bat sie schließlich.

„Leonie mit den Waldmeisteraugen", sagte Frederik.

„Das klingt so schön", sagte Leonie.

„Stimmt", sagte Frederik, und dann legte er seine Lippen auf ihre Lippen und küsste sie.

Leonie und Frederik sind heute immer noch ein Paar. Leonie hat in diesem Sommer ihr Abitur gemacht und Frederik studiert in Berlin Architektur. Auch sein Bruder, der inzwischen ganz und gar blind ist, studiert in Berlin. Er möchte Psychologe werden.

Leonie hat die Blindenschrift und den Umgang mit dem Blindencomputer in der Zwischenzeit recht gut gelernt, aber immer noch ist sie hin und wieder sehr verzweifelt über ihre Behinderung und die daraus resultierenden Schwierigkeiten. Eigentlich hatte sie vorgehabt, nach dem Abitur für ein Jahr durch Amerika zu reisen, aber diesen Plan hat sie vorerst aufgegeben.

Im Moment plant sie dafür ihren Umzug nach Berlin und spielt viel auf ihrem Saxofon. Auch mit Mette und ihrer Mutter trifft sie sich häufig. Sie arbeitet in der Tonwerkstatt von Mettes Mutter an einer Skulptur, die fast genauso groß ist wie sie selbst und die weder Mensch noch Tier noch Pflanze darstellt.

„Was soll denn das für ein wahnsinniges Ungetüm werden?", fragte Siemen einmal misstrauisch, als er Leonie in die Tonwerkstatt begleitete.

„Die Skulptur wird etwas, was nur in meinem Kopf ist", sagte Leonie. „Ich meine damit, sie wird nichts, an das ich mich von früher erinnern kann, also nichts, was ich mal gesehen habe. Sie wird einfach eine Idee meiner Gedanken und Hände und meiner Gefühle sein ..."

„Verrücktes blindes Huhn", war Siemens Antwort.

Der alte Kater Hobbes ist in der Zwischenzeit gestorben und Tigger ist zu einem großen, vorsichtig herumschleichenden Kater geworden. Mit der schwarz-weiß gefleckten Katze aus dem Nachbarhaus hat er Junge bekommen und wieder war ein Katzenbaby dabei, das seine Augen nicht öffnete. Diesmal war es ein pechschwarzes Katzenkind.

„Es scheint tatsächlich eine Art Erbkrankheit zu sein", sagte der Tierarzt. Dieses neue blinde Kätzchen schenkte Leonie Sebastian und seiner Freundin Lise.

Vor einigen Wochen dann besuchten Frederik, Sebastian und Lise Leonie. Zusammen unternahmen sie einen neugierigen Ausflug in das neue Kulturzentrum, in dem es eine Dunkelbar geben sollte, in der Sehende wie Blinde in völliger Dunkelheit etwas trin-

ken und sich unterhalten konnten. Und dort im Café lernte Leonie Jorit kennen, einen Neunzehnjährigen, der in der Dunkelbar kellnerte und der von Geburt an blind war.

Und Jorit verliebte sich in Leonie.

"Ich glaube, ich spinne", sagte Frederik erschrocken, als Leonie ihm von Jorits Gefühlen erzählte. Und danach hatten die beiden ihren ersten richtigen Streit.

"Ich mache das nicht mit", fauchte Frederik.

"Es ist doch gar nichts", sagte Leonie gereizt.

"Dauernd fasst er dich an, immerzu legt er seinen Arm um dich, ständig fummelt er an deinem Gesicht und in deinen Haaren herum", sagte Frederik und schüttelte Leonies Hand ab. "Verdammt, weißt du noch, wie wir zusammen den verletzten Fuchs gefunden haben?", sagte er schließlich leise. "Und weißt du noch, unser verrückter Staudamm und das überflutete Maisfeld und der tobende Bauer?"

"Ja, ich weiß das alles noch", antwortete Leonie und lehnte ihren Kopf an Frederiks Schulter.

"Himmel, wie ich dich liebe!", murmelte Frederik daraufhin. "Mensch, Leonie, ich werde wahnsinnig, wenn du mich wegen dieses blinden Hornochsen verlässt ..."

"Er ist allerdings kein Hornochse", sagte Leonie und küsste Frederiks Nasenspitze. "Aber lieben tue ich dich, darauf kannst du dich verlassen ..."

Adressen

Deutschland

Deutscher Kinderschutzbund
Bundesarbeitsgemeinschaft
Kinder- und Jugendtelefon e.V.
Tel. 08 00/1 11 03 33
Bundesweit kostenlos; montags bis freitags 15-19 Uhr
E-Mail: *info@nummergegenkummer.de*
http://www.kinderundjugendtelefon.de

pro familia
Bundesverband
Stresemannallee 3
60596 Frankfurt/Main
Tel. 0 69/63 90 02
E-Mail: *info@profamilia.de*
http://www.profamilia.de

Deutscher Blinden- und Sehbehindertenverband e.V.
Rungestraße 19
10179 Berlin
Tel. 0 30/28 53 87- 0
E-Mail: *info@dbsv.org*
http://www.dbsv.org

Direkter Kontakt zur nächstgelegenen BBSV-Beratungsstelle:
Tel. 0 18 05/66 64 56 (bundesweite Rufnummer)

Schweiz

Kinderschutz Schweiz
Postfach 6949
Hirschengraben 8
3011 Bern
Tel. 031/382 02 33
E-Mail: *info@kinderschutz.ch*
http://www.kinderschutz.ch

Sorgentelefon für Kinder und Jugendliche:
Verein Schlupfhuus Zürich
Schönbühlstraße 8
8032 Zürich
Tel. 044/261 21 21
E-Mail: *info@schlupfhuus.ch*
http://www.schlupfhuus.ch

Schweizerischer Blinden- und Sehbehindertenverband
Gutenbergstraße 40b
3011 Bern
Tel. 031/390 88 00
Fax: 031/390 88 50
E-Mail: *info@sbv-fsa.ch*
http://www.sbv-fsa.ch

Österreich

Ö3-Kummernummer
Tel. 116 123
E-Mail: *hitradio@oe3.at*
http://oe3.orf.at

Österreichischer Kinderschutzbund/
Verein für gewaltlose Erziehung
Obere Augartenstraße 26–28
1020 Wien
Tel. 0699/81 813 811
E-Mail: *verein@kinderschutz.at*
http://www.kinderschutz.at

Österreichischer Blinden- und Sehbehindertenverband
Hietzinger Kai 85/DG
1130 Wien
Tel. 01/9 82 75 84 - 201
E-Mail: *office@blindenverband.at*
http://www.oebsv.at

Jana Frey, geboren im April 1969 in Düsseldorf, fing schon als Fünfjährige mit dem Schreiben an. Unzählige dieser sehr frühen Werke hat sie sich aufgehoben. Und seit damals hat sie geschrieben und geschrieben und geschrieben. Sie schrieb zu Hause in Deutschland, aber auch in Amerika und Neuseeland, auf der anderen Seite der Weltkugel. Zwischendurch hat sie Literatur studiert und eine Familie gegründet. Sie veröffentlicht Kinder- und Jugendbücher und arbeitet auch fürs Fernsehen.

Wahre Geschichten

Rückwärts ist kein Weg

Mit 14 ist Lilli schwanger. Alle scheinen zu wissen, was gut für sie ist – eine Abtreibung. Doch Lilli ist sich nicht sicher. Am liebsten möchte sie für immer allein in ihrem dunklen Zimmer liegen und in sich hineinhorchen. Davids und ihr Baby. Lilli muss sich entscheiden ...

Sackgasse Freiheit

Sofia ist 14 Jahre alt. Und sie lebt auf der Straße. Ihr Alltag ist ein einziger Kampf gegen den Hunger und die Kälte, die Einsamkeit und die Verzweiflung. Das Mädchen gerät nach und nach in einen Teufelskreis, aus dem es sich aus eigener Kraft nicht befreien kann. Doch dann lernt Sofia Ätze kennen ...

Höhenflug abwärts

Manchmal hasst Marie die ganze Welt. Doch wenn sie eine Pille einwirft, ist alles gut. Dann vergisst sie ihr Zuhause mit all dem Streit und auch den Schmerz, der in ihr wühlt, seit ihr Freund Leon sich in eine andere verliebt hat. Aber der Höhenflug hält nicht lange an und Marie fällt tiefer und tiefer.

Luft zum Frühstück

Serafina wiegt 64 Kilo. Sie fühlt sich dick und unglücklich. Wie gerne wäre sie so schön schlank wie ihre Freundin Ernestine oder ihre Schwester Maria. Immer übermächtiger wird dieser Wunsch in ihr und eines Tages hört sie auf zu essen. Serafina hungert und hungert. Bis fast nichts mehr von ihr übrig ist.

Die vergitterte Welt

Juli ist voller Hass. Auf seine Mutter, die trinkt, seinen Vater, der einfach verschwunden ist, und die ärmlichen Verhältnisse, in denen er groß wird. Er vertraut nur Adam, dem neuen Freund der Mutter. Doch wenn Adam weggeht, dann ist Juli allein und wütend auf die ganze Welt. So wütend, dass er eines Tages zurückschlägt ...

Verrückt vor Angst

Eigentlich sehnt sich Nora nach Spaß und Verliebtsein und Pläneschmieden. Doch Nora hat Angst. Die Angst hat sich in ihr Leben geschlichen und lässt sie nicht mehr los. Immer häufiger werden ihre Panikattacken. Erst als es fast zu spät ist, findet sie einen Weg aus ihrer Verzweiflung.

Der Kuss meiner Schwester

Mattis ist zum ersten Mal richtig verliebt. Tag und Nacht träumt er nur von Mieke. Nichts wünscht er sich sehnlicher, als Miekes Körper zu spüren. Als Mattis eines Abends heimlich einen Eintrag in Miekes Tagebuch liest, weiß er, dass auch Mieke sich in ihn verliebt hat. Aber diese Liebe darf nicht sein, denn Mieke und Mattis sind Zwillinge.

Nina reißt aus

ISBN 978-3-7855-7697-7

Da draußen wartet die große Freiheit – davon ist Nina fest überzeugt, als sie von zu Hause ausreißt. Sie träumt von einer Karriere als Fotomodell, von einer eigenen Wohnung und vielen Freunden. Doch stattdessen jobbt sie nun in einer billigen Kneipe in Hamburg und hat ständig Geldsorgen. Da lernt sie den attraktiven Fotografen Jonas kennen, der ihr ein Shooting bei einer Agentur vermittelt. Allerdings werden dort keine unschuldigen Modeaufnahmen, sondern Aktfotos gemacht. Wie weit wird Nina für ihren Erfolg gehen?